KB035090

1,000만 원으로
건물주 되는
부동산 경매

한 권으로 끝내는 가장 쉬운 경매 가이드

1,000만 원으로 건물주 되는 부동산 경매

김기환 지음

경이로움

/

내가 부동산 경매를 하는 이유

지난 21년간 경매 투자를 꾸준히 강의해오면서 내가 느낀 점을 한마디로 정리하자면 다음과 같다. "더 많은 사람을 돕고 더 많이 알려주고 싶다." 그동안 내가 만나온 수강생은 약 수천 명에 달한다. 물론 그중에는 강의가 다 끝나기도 전에 조용히 자리에서 사라진 사람도 있었고, 강의 후에 따로 커피도 한잔하며 연락을 주고받다가 어느샌가 연락이 끊긴 사람도 있었다.

그렇지만 그보다 더 많은 수강생이 경매 투자를 통해 자신의 삶에서 크고 작은 변화를 이끌어냈다. 집을 장만한 수강생, 안정적인 월세 소득을 창출하는 데 성공한 수강생, 나조차도 입이 떡 벌어질 만큼 대성공을 거둔 수강생, 기상천외한 사업을 벌여 제2의 삶을 살고 있는 수강생 등 성공 사례는 무척 다양했다. 그들이 감사 인사를 전해올 때마다 내가 경매 투자에 직접 성공한 것 못지않은 기쁨을 느꼈다.

그러나 누군가 나에게 가장 기억에 남는 수강생이 누구냐고 묻는다면, 나는 강의 중간에 사라졌거나 어느샌가 연락이 끊긴 수강생들이라 답하고 싶다. 수업 문의만 하고 결국 등록하지 않은 수강생들 역시 내 마음 한구석에 자리하고 있다.

경매란 참 좋은 것이다. 경매 투자에 대한 내 심정을 이보다 더 잘 설명할 수 있는 말은 없다. 상대적으로 안전하고, 재미있고, 수익률도 큰 재테크 수단이기 때문이다. 이렇게 좋은 경매의 세계에 아직 발을 들이지 못한 사람들을 볼 때면 못내 아쉬움이 가득 차오른다.

나는 경매라는 좋은 재테크 수단을 모르는 사람들을 위해 이 책을 썼다. 20여 년 전 경매 투자를 처음 시작할 당시 내 손에는 그야말로 아무것도 없었다. 잘 다니던 선글라스 회사를 호기롭게 박차고 나와 몇몇 사업에 도전했지만 모두 실패로 끝났기 때문이다. 그랬기에 부동산 경매 투자는 내 인생의 마지막 찬스와도 같았다. 결론적으로 나는 그 찬스를 멋지게 활용해 가난에서 탈출했다. 지금은 네이버 부동산 커뮤니티에 칼럼을 연재하기도 하고, 종종 부동산 관련 유튜브 채널에 출연하면서 나만의 경매 투자 노하우를 아낌없이 나누고 있다. 물론 여전히 경매 투자도 직접 하고 있다.

이미 시중에는 다양한 부동산 경매 투자책이 나와 있다. 아니, 하루가 멀다 하고 쏟아지고 있다. 그럼에도 부동산 경매 투자책을 집필해야겠다고 마음먹은 이유는 단 하나다. 다들 부동산 경매는 너무나 어렵다는 편견에서 벗어나지 못하고 있기 때문이다. 내 지인들은 나에게 종종 이런 질문을 던진다. "되게 부드러운 성격이신 것 같은데, 낙찰 이후에 기존 세입자를 내보내는 명도 일이 어렵지 않나요?" "저도 경매에 도전해보고 싶은데 권리 분석이 너무 어려워 보여요. 저처럼 재테크에 대해 아무것도 모르는 사람도 할 수 있을까요?"

단언컨대 경매는 어렵지 않다. 권리 분석, 명도 또한 생각보다 수월한 편이다. 물론 굉장히 까다로운 사례가 없지는 않다. 아마 그런 사례들을 듣고서 겁먹은 사람들이 많을 것이다. 하지만 기본 절차에 따라 인간적인 태도로 접근하면 경매 투자는 생각보다 어렵지 않다. 이처럼 나는 이 책을 통해 부동산 경매 투자는 결코 어렵지 않으며, 누구나 도전해 성공을 거둘 수도 있음을 알려주고자 한다.

나는 부동산 경매 투자를 통해 많은 사람이 삶에서 긍정적인 변화를 이끌어내기를 바란다. 이것이 내가 이 책을 쓴 두 번째 이유라면 이유일 것이다. 내가 그랬듯 부동산 경매 투자를 통해 삶의 터닝 포인트를 만들길 바란다.

이 책은 부동산 경매 투자의 세계에 이제 막 들어오려는 초심자에게는 최고의 입문서가 될 것이라 자부한다. 지면의 한계로 이 책에서 미처 다루지 못한 것 중에 궁금한 점이 있다면, 내가 운영하고 있는 로드옥션 사이트 또는 이메일로 질문을 보내도 좋다. 가능한 한 성심성의껏 답변하도록 하겠다. 이 책이 여러분의 삶에 큰 변화를 만드는 작은 날갯짓이 되길 소망한다.

김기환

*****

* * * * *

Chapter 3.
무조건 성공하는 부동산 경매 따라 하기

* * * * *

*****

* * * * *

Chapter 4.
실전 투자 사례로 보는 케이스 스터디

부동산 경매란 무엇일까? 아직 투자 경험이 없는 사람이라면 수중에 많은 돈을 쥐고 있어야 하고, 각종 법률 용어를 통달해야만 가능하다고 생각할 수도 있다. 투자할 만한 물건을 찾아내는 것도 관건이다. 여기서는 상가 투자로 성공한 사례를 통해 투자 경매에 대한 오해를 바로잡고, 자신감을 얻어보도록 하자.

Chapter 1.

*

나는 부동산 경매로
건물주가 되었다

한눈에 보는
경매 투자 튜토리얼

#1.
경매 물건 검색 및 분석

•

경매 물건 검색

경매 투자가 처음인 사람들을 위해 여기서는 나의 투자 사례를 시간 순으로 하나씩 들여다보겠다. 이를 통해 부동산 경매 투자가 어떤 방식으로 진행되는지 감을 익히길 바란다.

　2008년 나는 투자를 위해 경매 물건을 검색하다가 눈을

한 번 크게 깜빡이며 컴퓨터 앞에서 자세를 고쳐 앉았다. 제법 괜찮아 보이는 물건이 하나 눈에 띄었기 때문이다. 경기도 수원에 있는 한 상가였다.

자세히 알아보니 아파트 지하상가로, 전용면적은 144평 (476m²)이었다. 감정가는 1억 5,000만 원이었지만, 두 번 유찰을 거치며 경매 최저 입찰가가 9,600만 원까지 내려갔다. 전용면적 144평 상가가 9,600만 원이라…. 이거 한번 제대로 분석해봐야겠다는 촉이 온다.

권리 분석

먼저 등기부등본과 매각물건명세서를 꼼꼼히 읽어보며 법적으로 문제 소지가 있을지, 또 인도 받을 때 별다른 문제가 없을지 확인했다. 권리 분석을 해본 결과 큰 이상은 없었다. 말소기준권리인 은행근저당권 대출을 제외하고는 모두 소멸되고 인수할 세입자도 없는 물건이었다. 쉽게 말해 내가 이 물건을 경매에서 낙찰 받고 나서 돈을 물어내야 할 일은 없다는 뜻이다.

상업성 분석

법적 권리를 따지는 건 어렵지 않다. 결국 모든 경매 투자는 낙찰 받은 뒤에 돈을 얼마나 벌 수 있을지, 다시 말해 상업성이 관건이다. 제법 돈이 되려나? 인터넷에 올라온 사진으로 미루어 보건대 상가는 제법 오랜 시간 공실로 방치된 것 같았고, 상태가 썩 좋아 보이지 않았다. 그럼에도 '대지 지분 105평(347m²)'이라는 문구가 시선을 계속 잡아 끌었다. 일반적으로 150평 규모의 상가 건물이라면 대지 지분이 10평(33m²) 남짓이다. 아파트 상가임을 고려해도 건평 144평에 대지 지분 105평이면 일반 상가와는 비교가 안 될 수준이다.

상가 자체에 대한 분석을 끝내고 나서는 주변 환경을 인터넷으로 살펴보기 시작했다. 상업성 분석에 있어 주변 환경은 떼려야 뗄 수 없다. 우선 왕복 4차선 길에 상가가 접해 있고, 근처에 초등학교, 중학교, 고등학교가 모여 있었다. 분석 결과를 정리하자면 해당 상가는 주변 환경이 나쁘지 않고 법적 권리도 복잡하게 꼬여 있지 않았다. 이 정보면 직접 현장 조사를 나가볼 가치가 있다. 발품을 팔며 내 눈과 다리로 현장을 생생하게 분석해볼 시간이다.

#2.
현장 조사(임장)

•

서울에서 출발해 1시간 만에 수원에 있는 성균관대학교 자연과학캠퍼스 근처에 도착했다. 조사 대상인 물건이 아파트 상가인 만큼 아파트 주차장에 차를 세워두고 조사를 시작했다. 현장 조사를 또 다른 말로 '임장'이라고 부르며, 현장 조사라고 해서 특별히 대단할 것은 없다. 주로 조사해야 할 것들은 물건 주변의 분위기, 지하 입구, 인근 상권에서 잘 운영되고 있는 상가, 유동인구를 불러 모을 포인트 등이다. 여기서 유동인구를 유인하는 포인트는 학교, 대형마트, 관공서 등을 일컫는다. 점심부터 오후 늦게까지 여유 시간을 충분히 두고 근처에 머무르며 주변 환경을 관찰했다. 사람이 얼마나 드나들고, 주변 분위기가 어떤지 등을 대략적으로 머릿속에 넣고, 인근 부동산 사무소로 걸음을 옮겼다.

나는 현장 조사를 할 때면 적어도 부동산 사무소를 세 곳 정도 방문하려고 한다. 아무리 경매가 다른 투자에 비해 상대적으로 저렴한 금액이 오가는 거래라고 해도, 결코 적지 않은 액수다. 따라서 부동산 한 곳의 이야기만 전적으로 신뢰하는 것은 대단히 위험하다.

꽤 오랫동안 경매 투자를 해오며 나름 생긴 요령 중 하나는 부동산 사무소 세 곳을 방문할 때마다 다른 입장에서 질문을 던지는 것이다. 즉 어느 곳에서는 해당 건물을 매수할 것처럼 물어봤다가, 또 다른 곳에서는 매도할 것처럼 물어보고, 마지막에는 해당 물건을 임대할 것처럼 질문을 던져야 한다. 이렇게 해야 해당 상권의 매수, 매도, 임대 시세를 비교적 객관적으로 체크할 수 있다. 다년간 경매 현장에서 뛰어오며 체득한 나만의 비법이다.

이번에도 음료수를 준비해 사무소를 방문했다. 어깨를 펴고 당당하게! 정말 구매할 의사가 있는 사람처럼 자신감을 갖되, 겸손하고 친절하게 부동산 사무소장님께 말을 붙였다. 겸손하고 친절한 태도는 늘 옳다. 역시나 매도 또는 매수로 입장을 바꿔 물어볼 때마다 전혀 다른 이야기를 들을 수 있었다. 아무튼 기억해야 할 내용은 메모를 하며 이야기를 귀담아들었다.

현장 조사를 마치고 해당 물건의 장단점을 따져보았다. 먼저 단점은 명확했다. 비교적 심각하진 않지만 확실한 단점은 건물이 꽤 낡았으며 지하 공실이라는 것이었다. 더욱 중요한 단점은 뾰족한 용도가 딱 보이지 않았다는 것이다. 낡은 건물의 지하, 심지어 150여 평이나 되는 큰 공실. 그 정도 평수라면 카페든 편의점이든 뭘 하든 간에 들어가는 비용이 만만치 않다. 또한 2008년 당시에 부동산 경기가 좋지 않았다는 점까지 고려하면 너무 위험한 물건이었다. 주변 사람들에게 자문을 구해봐도 긍정적인 의견을 듣기 어려웠다.

그렇다면 장점은 무엇이 있었을까? 내가 주목한 장점은 바로 대지평수였다. 수도권, 그중에서도 경기도 수원시에 위치한 대지 지분 105평은 잠재력이 분명히 있을 것이라 생각했다. 최악의 상황을 가정해서 상가 자체가 무용지물이라고 하더라도 땅 105평은 살아 있다. 경매가 9,600만 원에 105평이라면 평당 100만 원이라는 계산이 나온다.

해당 상가의 장단점을 떠나 위치와 가격에 집중해보자. 경기도 수원시에서 평당 100만 원에 땅을 구하기 쉬울까? 아무리 보수적으로 접근해도 평당 300만 원 이상의 가치는 있지 않을까? 내 판단을 면밀히 검토하기 위해 공시지가를 찾아보았다. 역시나 수원시의 경우 대략 500만 원 수준이었다. 공시지가까지 찾아보고 나니 상가는 차치하고 땅만 보더라도 충분히 투자할 만한 곳이라는 확신이 섰다.

하지만 아무리 각종 분석과 현장 조사를 토대로 땅값이 적절하다고 판단했더라도 물건 자체를 활용할 수 있어야 한다. 입찰하기로 마음먹고 나서 나는 전략을 세우기 시작했다. 먼저 낙찰 받게 될 경우 임대를 최대한 빠르게 놓으면서, 설령 임대가 나가지 않는다면 내가 주거용으로 사는 것도 고려하기로 했다. 이처럼 낙찰 이후 계획을 여러모로 고민해본 뒤 입찰을 결정했다. 입찰하기로 결정. 땅땅땅!

입찰가는 얼마로 잡아야 할까. KB부동산, 네이버 부동산, 국토교통부 등 각종 사이트를 돌며 직간접적인 시세 정보를 싹 긁어모았지만, 결국 입찰가 산정은 전적으로 나의 판단이 중요하다. 내 생각에는 겉으로 드러나지 않는 잠재적 매력이 큰 물건이었다. 따라서 나 말고도 입찰할 사람이 1명 이상 있지 않을까 싶었다. 오랜 시간 경매 투자를 해오며 좋은 물건에는 경쟁자가 반드시 따라붙는다는 사실을 깨달았다. 재야의 고수는 정말 많다. 고민 끝에 최저 입찰가 9,600만 원에 약 800만 원을 더한 최종 1억 400만 원 정도로 입찰가를 잡았다.

#3.
입찰과 낙찰

•

입찰 당일, 입찰금의 10%에 해당하는 입찰 보증금 약 1,000만 원을 준비한 뒤 수원지방법원으로 향했다. 입찰하는 날이면 늘 아침 일찍부터 채비해서 집을 나서지만, 세상 모든 일이 그렇듯 때때로 변수가 생기기 마련이다. 그날도 그랬다. 교통체증 때문이었는지 평소의 나답지 않게 운전하는 것이 불안하다 싶었는데, 결국 고속도로 분기점을 지나치는 실수를 범했다. 우여곡절 끝에 입찰 마감 5분 전에 도착해서 입찰서를 작성하고 제출했다.

여기서 다시 한번 교훈을 깨닫는다. 정확한 입찰가는 미리미리 정해둬야 한다는 걸 말이다. 물론 현장에서 분위기를 보고 입찰가를 조정하는 사람도 있다. 나름대로 장점이 있는 전략이겠지만, 자칫하면 현장 분위기에 휩쓸려 이성적으로 판단하지 못하고 오판을 내리거나 실수를 저지를 위험이 있다. 적지 않은 금액이 오가는 일인 만큼 사전에 입찰가를 신중하게 정하고 현장에서는 소신을 지키는 것이 최선이라고 믿는다.

개찰 결과를 기다리면서 슬쩍 보니, 내가 들어간 물건에 입찰 서류 2개가 눈에 띄었다. 역시나 경쟁자가 있었다. 오랜 시간 경매 투자를 해왔으니 입찰과 낙찰 경험이 상당히 많은 편이었지만, 경쟁자의 실체를 확인할 때면 긴장되는 건 어쩔 수 없다. 드디어 개찰, 익숙한 내 이름이 들린다. 낙찰 성공. 기쁘다!

그렇지만 기쁨에 취해 있기만 해선 안 된다. 부동산 경매 투자 실력을 쌓으려면 경쟁자가 어떤 방식으로 입찰했는지를 알아봐야 한다. 같은 물건에 대한 다른 관점을 배우다 보면 실력이 차곡차곡 쌓인다. 알고 보니 나의 경쟁자는 주식회사 이름으로 9,700만 원에 입찰했다. 해당 물건의 매력을 알아보는 사람이 아무도 없을 것으로 생각해 최저 입찰가에 100만 원만 얹어 입찰한 것이었다. 여기서 다시 한번 내가 배운 교훈을 되새겼다. 좋은 물건에는 무조건 경쟁자가 따라붙는다는 사실! 주변 사람 모두 만류함에도 불구하고 입찰했던 터라 내심 마음속 한구석에 걱정이 있었는데, 나 말고도 이 물건을 탐내는 사람이 있었다는 사실에 걱정을 불식시킬 수 있었다.

낙찰, 즉 입찰에 성공했다고 해서 바로 해당 물건의 주인이 되는 건 아니다. 잔금을 내야 하기 때문이다. 통상적으로 낙찰 이후 일주일 뒤에 법원의 매각허가결정이 나고, 다시 일주일 뒤 이해관계인의 즉시항고가 없으면 잔금 납부 통지를 받게 된다. 다시 말해 낙찰 이후 2주 뒤에 잔금 납부 통지를 받아야만 잔금을 치르고 해당 물건의 주인이 될 수 있다.

이 2주는 낙찰자에게는 은근한 긴장의 시간이기도 하다. 만약 이 기간 동안 경매에 나온 물건의 주인(채무자)이 빚을 갚으면 경매 자체가 무산될 수도 있기 때문이다. 나 역시 긴장을 놓지 않고 예의 주시하기로 마음먹었다.

잔금 납부 기한은 통지를 받은 날로부터 보통 35일 정도다. 잔금 납부 기간에는 최대한 유리한 조건의 대출 상품을 알아봐야 한다. (당연히 입찰에 앞서 잔금 조달 계획을 확실히 세워놓아야 한다.) 법원 주변에 진을 치고 있는 대출 상담사들의 명함을 차곡차곡 모아 집으로 돌아온 뒤, 그중 몇 명에게 문자를 보내 대출 가능 여부 등 충분한 정보를 얻었다. 이후 은행에 방문해서 본격적인 대출 상담을 진행했다. 내가 낙찰 물건의 완벽한 주인이 될 준비가 착착 이루어지고 있었다. 시간이 흐른 뒤 잔금 납부기일이 다가왔다. 잔금 완납이 내가 법적으로 해당 물건의 주인이 된다는 의미인 만큼 이때 취등록세를 같이 내게 된다. (취등록세에 대해서는 뒤에서 자세히 알아보도록 하자.)

이 기간 동안 혹시라도 낙찰 물건에 누군가 거주하거나 장사를 하고 있다면, 물건을 비워주길 요청해야 한다. 잔금 납부 이후에 진행해도 되지만, 나는 보통 낙찰 받은 날 바로 해당 물건에 방문해 기존 거주자 내지는 사용자와 향후 일정에 대해 의논하는 편이다. 쉽게 말해 이사해 달라고 요청하는 것인데, 이를 '명도'라고 한다.

#4.
명도

·

다행히 이번에 낙찰 받은 상가에는 아무도 살고 있지 않았
다. 다시 말해 번거로울 수도 있는 명도 절차를 진행할 필요
가 없었다. 운이 좋긴 했지만, 그렇다고 드문 일도 아니다.
그래도 혹시 모르니 명도 절차에 대해 꼭 알아두도록 하자.
명도 절차 또한 뒤에서 자세히 설명하겠다.

#5.
활용

·

이제 수원 장안구 아파트 지하상가의 소유주가 되었다. 여기
서 잠깐 내가 투자한 돈을 계산해보자.

- **물건 검색 시 사이트 이용료 및 현장 조사 비용:** (로드옥션을
  비롯해 처음엔 무료 사이트로 비용을 아끼고, 물건을 보러 가기 전에 근
  처 맛집도 함께 검색하는 편이다. 이렇게 일하러 가는 게 아니라 놀러 가

는 김에 물건을 본다고 생각하면 마음이 한결 편해진다!)

- **입찰 보증금:** 960만 원

- **잔금 중 자기자본:** 2,340만 원(취등록세, 관리비 포함)

- **잔금 중 대출금액:** 8,000만 원(이율: 5%)

- **취등록세:** 900만 원

- **명도**(이사비용)**:** 0원

- **미납 관리비:** 60만 원

  총 현금 투자비용: 3,300만 원

여기서 다소 흥미로운 일이 하나 있었다. 취등록세가 평소보다 400만 원 정도 더 나온 것이다. 도대체 무슨 이유로 세금이 더 나왔나 싶어 이유를 물어보니, 땅에 대한 공시지가 5억 원, 건물에 대한 공시지가 2억 5,000만 원으로 총합 7억 5,000만 원에 대해 세금이 나온 것이었다. 이 얼마나 반가운 소리인가!

400만 원을 더 내야 하는데 반가운 소리라니 자칫 이해가 안 될 수 있다. 달리 생각해보면 이것은 내가 1억 400만 원에 낙찰 받은 물건의 국가 공인 가치가 최소 7억 5,000만 원이라는 이야기다.

잔금을 납부한 뒤, 임대를 내놓았다. 생각보다 금방 임차인을 구할 수 있었는데, '유아스포츠교실'을 운영하는 분이었다. 월세를 조정해 달라는 요청이 있었고, 이에 대해 월세 1년치를 선불로 받는 대신 보증금 2,000만 원 그리고 월세 150만 원에 계약했다.

모두가 말리던 이 투자 건을 되돌아보면, 제법 성공적이었다고 자평한다. 보증금 2,000만 원 그리고 1년치 월세 1,800만 원을 합하면 3,800만 원을 벌었기 때문이다. 덕분에 1년 만에 총 투자비용 3,300만 원을 회수하고도 500만 원을 남길 수 있었다. 그 후로 약 5년간 월세를 주다가 기존 세입자에게 시세보다 조금 저렴한 가격에 매각했다. 결과적으로 임대수익과는 별개로 약 1억 원에 달하는 매각차익까지 얻게 되었다.

#6.
정리

•

앞서 말한 대로 이 내용은 내가 직접 투자해 성공을 거둔 사레다. 여러분은 이 사례를 읽고 어떤 생각이 떠올랐는지 궁금하다. 어떤 사람은 경매가 별로 어려워 보이지 않고, 의외로 간단한 절차만 거치면 된다고 생각했을 수도 있다. 맞다. 경매는 각종 용어 때문에 처음에 약간의 진입 장벽이 있어서 그렇지, 조금만 공부해보면 의외로 어렵지 않다. 정말 누구나 할 수 있다. 다시 말해 자격증이 필요 없는 일이다. 자격증이 필요 없다는 말은 곰곰이 생각해보면 그 정도로 전문적인 공부가 필요하지 않다는 뜻이기도 하다.

또 어떤 사람은 내 사례가 그저 운이 좋았을 뿐이라고 생각했을 수도 있다. 이 또한 맞는 말이다. 이 사례는 분명히 내가 수없이 투자한 사례 중 운이 좋은 편에 속한다. 다시 말해 내가 투자한 사례 중에는 이것보다 운이 좋았던 것도 있고, 운이 나빴던 것도 있다. 중요한 것은 실행이다. 큰 뜻을 품고 이 책을 편 당신도 꾸준히 그리고 현명하게 노력하면 이것보다 더 큰 수익을 올리는 행운이 따를 것이다.

그러나 경매를 조금 아는 사람이라면 내 의견에 고개를 내저을지도 모르겠다. 막상 실전에 뛰어들면 근저당권, 유치권, 배당 등등 수많은 법률용어를 마주하게 된다. 조금만 나와도 머리가 어지러울 것 같은데, 권리 분석을 하려고 하면

'까만 건 글씨요, 하얀 건 종이요' 하는 심정이 된다. 당연히 눈앞이 깜깜해질 것이다. 분명 틀린 말은 아니다. 권리가 복잡하게 꼬여 있는 물건이라면 나 역시 심혈을 기울여 고도로 집중해야만 한다. 그러나 앞선 내 투자 사례처럼 복잡한 권리를 끼고 있지 않은 물건도 많다. 2022년 기준 전국 각지에서 매달 적게는 8,000건, 많게는 1만 건의 부동산이 경매로 나오고 있다. 그중에서 복잡한 권리 분석을 거쳐야 하는 물건은 10~20% 수준이다. 아무리 보수적으로 잡아도 생각보다 어렵지 않게 경매에 도전할 수 있는, 즉 아무런 하자가 없는 안전한 물건이 매달 5,000건 이상 나오고 있다는 이야기다.

이미 여러 번 경매에 도전해본 사람이라면 권리 분석은 그야말로 법적인 내용인 만큼, 어찌 보면 그 안에 정답이 있다는 의견에 동의할 것이다. 심지어 권리 분석은 입찰 전에 거쳐야 하는 단계인 만큼 조금이라도 걱정되는 부분이 있다면 입찰에 들어가지 않으면 그만이다. 다만 경매 투자 경험이 있는 사람들이 가장 걱정하는 것 중 하나는 역시 낙찰 이후에 명도를 진행해야 하는 상황이다. 예를 들어 낙찰 받은 물건에 거주하고 있는 사람을 내보내야 하는 상황인데, 불행하게도 그 사람이 아주 기가 세고 막무가내라면 어떨까? 이 경우 마음고생을 깨나 하게 되니 걱정이 들 수밖에 없다. 일리가 있는 말이다. 심지어 입찰 전에 진행하는 권리 분석과는 다르게 낙찰 이후에 맞닥뜨려야 하는 절차인 만큼 사전 대비도 쉽지 않다.

그러나 묻고 싶다. 점유자를 합법적으로 내보낼 수 있는 법적 방법도 마련되어 있고, 소정의 이사비 정도로 점유자를 내보낼 수 있는 상황에서 약간의 번거로움과 귀찮음 (간혹 피곤함과 무서움) 때문에 상당한 투자 수익을 포기할 것인가?

한편 경매가 매력적으로 느껴지지만 현재 수중에 돈이 없어 망설이는 사람도 있을 것이다. 그러나 앞선 사례를 통해 살펴보았듯 입찰가 100%를 자기자본으로 마련하는 경우는 극히 드물다. (나 또한 수많은 수강생을 가르치면서 단 한 번도 보지 못했다.) 대부분 대출을 활용한다. 입찰에 성공한다면, 보통 감정가의 60~70% 또는 낙찰가의 80~90% 중 적은 쪽의 금액에 맞춰 대출이 가능하다. 여러 조건만 맞으면, 실투자금이 들어가지 않는 이른바 무피 투자도 가능하다.

마지막으로 이런저런 걱정과 고민은 다 해소되었으나 여

전히 경매에 도전해 자산을 마련할 수 있을지 자신하지 못하는 사람도 있을 것이다. 이 책은 그러한 사람들을 도우면서, 성공적인 경매 투자로 갖고 있는 돈을 활용해 자산을 현명하게 불리는 방법을 소개한다. 또한 창업 기반을 마련하기 위한 로드맵을 제시하고, 경매를 통해 전세 사기에 대비하는 방어적 재테크 요령도 다룰 것이다. 궁극적으로 한번 배워두면 평생 삶의 무기이자 방패가 될 경매 기술을 아낌없이 나누고자 한다. 여기서 경매 투자 절차를 대략적으로 파악했다면, 다음 장부터는 경매 투자를 본격적으로 배워나가도록 하자.

많은 사람이 부동산 경매는 어려울 거라고 생각하지만, 기본 개념만 알고 직접 투자해본다면 누구든 해볼 만한 투자다. 이 장에서는 부동산 경매에 관심을 갖기 시작한 사람을 위한 아주 기초적인 내용부터 알아보도록 하겠다. 경매의 개념과 종류, 경매의 장점, 경매 목적별 특징과 경매 진행 단계를 살펴보자.

Chapter 2.

*

부동산 경매
투자의 시작

부동산 경매,
기본부터 알고 시작하자

이 책을 집어 든 사람이라면 경매라는 말, 구체적으로는 부동산 경매라는 말을 많이 들어보았을 것이다. 그렇지만 경매가 정확히 무엇이고, 또 어떤 종류가 있는지 정확히 알고 있는 사람은 의외로 드물다. 경매란 무엇일까?

매도인 1명이 어떤 물건을 매도하려 한다고 치자. 그러면 매수희망자 여러 명이 나타나 각자 가격을 제안한다. 이 중 가장 높은 가격을 제안한 사람과 매도 계약을 체결하는 것이 곧 경매다. 정리하자면 경매는 매매의 한 형태다. 또한 경매는 매도하려는 물건, 즉 목적물에 따라 부동산 경매와 동산 경매로 분류된다. 법적 정의로 보자면, 동산이란 부동산이 아닌 재산을 총칭한다. 즉 동산 경매는 토지나 그 위에 세운 건축물을 제외한 물건(예를 들어 TV, 자동차, 냉장고) 등을 대상으로 진행하는 경매다. 동산 경매의 대표적인 사례로 미술품 경매도 있다.

부동산 경매의
분류

•

우리가 공부할 것은 부동산 경매다. 표준국어대사전에 따르면 부동산은 '움직여 옮길 수 없는 재산으로 토지나 건물, 수목 따위'를 일컫는다. 대표적인 부동산으로는 우리가 익히 알고 있듯 토지, 건물(주택, 상가, 오피스, 공장 등), 등록 차량, 등기된 선박, 항공기 등이 있다. 부동산 경매의 세부 내용을 본격적으로 살펴보기에 앞서, 큰 그림을 한번 훑어보도록 하자.

우선 경매는 목적물에 따라 부동산 경매와 동산 경매로 나뉘지만, 다음 그림에서 알 수 있듯이 다르게 분류되기도

한다. 즉 목적물이라는 기준과 별개로, 경매는 다른 기준을 통해 여러 단계로 분류된다. 이 책에서는 부동산 경매에 집중하는 만큼, 위 표의 '경매'라는 단어를 부동산 경매로 바꿔서 이해해도 무방하다.

기준 1: 매도자에 따른 분류

우선 경매는 무엇보다 경매 주체, 즉 매도자에 따라 분류할 수 있다. 매도자가 국가의 공권력을 이용한다면, 다시 말해 법원 등 국가기관이 매도자라면 공경매이고, 매도자가 개인이라면 사경매에 해당한다. 유명 스포츠 스타의 사인 볼을 경매에 내놓는다면, 이 경우 사경매에 해당한다. 대표적인 사경매 사례에 속한다.

우리가 집중해야 하는 영역은 공경매다. 그리고 공경매의 매도자, 다시 말해 우리의 거래 상대는 국가 기관이다. 이것이 의미하는 바는 무엇일까? 바로 사기를 당할 위험이 전혀 없다는 것이다. 개인 대 개인의 거래 상황을 한번 생각해보자. 아마 많은 사람이 최근 들어 이용 빈도가 매우 높아진 어느 중고거래 플랫폼을 떠올릴 것이다. 알다시피 이 플랫폼에서는 사기 사건이 종종 발생했고, SNS와 매스컴에 오르내리기도 했다. 구입한 물건 대신 벽돌이 배송되었다는 일화는 무척 유명하다. 이처럼 개인과 개인의 거래이기 때문에 간혹 웃지 못할 사건이 발생할 수 있다.

그러나 우리가 하려는 부동산 경매는 원칙적으로 나와 국가 기관 사이의 거래다. 내가 이해하지 못하거나 실수를 한다면 손해를 볼 수도 있겠지만 상대방, 즉 국가 기관이 나에게 사기를 칠 확률은 말 그대로 0%다.

기준 2: 세부 주체에 따른 분류

경매의 매도자가 국가 기관인 경우에도 그 세부 주체에 따라 다시 둘로 나뉜다. 첫 번째는 「민사집행법」에 의거해 법원이 주관하는 법원 경매이고, 두 번째는 「국세징수법」에 의거해 공기관이 주관하는 공매다. 대표적인 공기관으로는 한국자산관리공사가 있다.

법원 경매와 공매의 차이를 손쉽게 이해하려면 해당 물건이 법원 경매 또는 공매에 나오게 된 연유를 따져보면 된다. 우선 법원 경매에 나오는 물건은 대부분 해당 물건의 소유자가 대출을 제대로 상환하지 못했기 때문이다. 반면 공매에 나오는 물건은 해당 물건의 소유자가 세금을 제대로 납부하지 못한 경우가 많다. 그 외의 차이점을 간략하게 정리하자면 다음과 같다.

우선 법원 경매와 공매는 진행하는 방법부터 다르다. 법원 경매는 법원에 직접 방문해야 하지만, 공매는 온라인 공공자산 처분시스템인 온비드(onbid.co.kr)에서 진행할 수 있다. 이렇게 보면 공매가 훨씬 간편해 보이지만, 법원 경매에 비해 까다로운 점도 분명히 있다. 먼저 명도 소송을 통해 낙찰 받은 물건의 기존 점유자를 내보내야 하는 과정이 반드시 포함된다. 또한 공매는 법원 경매에 비해 물건 수가 적은 편이다. 아무래도 세금 체납자 수가 대출 미상환자보다는 적을 테니까 말이다. 즉 투자 관점에서 성공 난이도를 따져보자면 법원 경매가 좀 더 수월한 편이다. (물론 사람에 따라 다르게 생각할 수 있다.)

종종 같은 물건이 법원 경매와 공매에 동시에 나올 때도 있다. 이때는 입찰가를 서로 다르게 정하고, 각각 입찰하는 전략을 펼칠 수도 있다. 다시 말해 같은 물건을 두고 법원 경매와 공매에 모두 입찰하되, 가격은 각각 다르게 하는 전략이다. 가격을 다르게 정해야 하는 이유는 모두 낙찰 받았을 때 더 낮은 가격으로 잔금을 치러야 하기 때문이다. 그러나 실제로 이런 사례는 매우 드문 편이다. 만약 이 전략대로 경매에 나선다면 낙찰 받는다고 해서 바로 소유주가 되는 건 아니라는 사실을 꼭 명심하자. 낙찰 이후 잔금을 납부해야만 비로소 소유주가 될 수 있다.

기준 3: 목적에 따른 분류

법원 경매는 경매 목적에 따라 둘로 나뉜다. 채권자의 권리 충족이 목적이라면 실질적 경매이고, 재산의 가격 보존 또는 정리를 위한 목적이라면 형식적 경매다. 현실적으로 고려하게 되는 경매는 역시 실질적 경매다. 흔히 경매 도전에 앞서 권리 분석을 걱정하는 경우가 많은데, 권리가 복잡해서 따져보고 분석해야 한다면 대부분 형식적 경매에 속한다.

중요한 것은 실전에서는 이 두 개념을 엄밀히 구분해서 알아둘 필요가 전혀 없다는 것이다. 이런 구분 방식이 있다는 것만 읽고 넘어가도 큰 문제가 없다. 부동산 경매 투자에 도전해보면 형식적 경매는 강제경매와 임의경매에 비해 물건 수가 현저히 적다는 걸 금방 알게 되기 때문이다. 일단 부동산 경매를 처음 시작하는 초보 투자자 입장에서는 이런 개념이 있다는 것 정도만 알아둬도 무방하다.

기준 4: 실질적 경매의 하위 분류

실질적 경매는 다시 강제경매와 임의경매로 나뉘는데, 여기에 특히 주목해야 한다. 강제경매와 임의경매에는 부동산 경매 투자자 입장에서 유의미한 차이점이 있기 때문이다. 여기서 한번 짚고 넘어가도록 하자.

우선 '채권자'와 '채무자'라는 용어를 살펴보자.

- **채권자**: 돈을 받을 권리가 있는 사람
- **채무자**: 돈을 갚을 의무가 있는 사람

예를 들어 김철수 씨가 친구 최부자 씨에게 사업자금 명목으로 10억 원을 빌렸다고 해보자. 즉 김철수 씨는 돈을 갚아야 하는 채무자이고, 친구 최부자 씨는 돈을 받아야 하는 채권자가 된다. 문제는 통이 아주 큰 최부자 씨가 절친한 친구를 위해 담보를 전혀 설정하지 않았다는 것이다. 즉 돈을 빌려주었다는 간단한 차용증 하나만 작성하고 시원하게 돈을 빌려주었다.

만약 김철수 씨가 이 상황에서 돈을 갚지 못했다면, 최부자 씨는 돈을 받기 위해 어떻게 해야 할까? 일반적으로는 소송을 통해 돈을 받을 권리가 있음을 법적으로 증명하려 할 것이다. 소송을 비롯해 다양한 방법으로 돈을 받을 권리, 즉 채권을 증명하는 '집행권원'을 받아오면 법원은 김철수 씨의 부동산에 대해 경매를 진행해준다. 이것이 바로 강제경매다.

임의경매는 강제경매와 약간 다르다. 다시 김철수 씨가 돈을 빌려야 한다고 해보자. 이번에는 25년 만에 참석한 동창회에서 박미소 씨에게 5,000만 원을 빌려야 한다. 오랜만에 만난 동창이 영 못 미더웠던 박미소 씨는 김철수 씨에게 돈을 빌려주는 대가로 김철수 씨의 부동산에 담보를 설정할 것을 요구했다. 이것이 바로 '근저당권'이다. 근저당권은 명명백백한 법적 권리이기 때문에 김철수 씨, 박미소 씨 이외에 제3자 누구든 등기부등본을 떼어 보기만 하면 확인할 수 있다. 이후 김철수 씨가 돈을 갚지 못한다면, 박미소 씨는 법원에 김철수 씨의 부동산을 매각해 채무를 해결해 달라고 요구할 수 있다. 임의경매는 근저당권이라는 명확한 근거가 있기 때문에 강제경매보다는 비교적 경매 절차가 빠르게 진행된다.

혹시 이 두 사례에서 절대 잊어서는 안 될 교훈을 찾아냈는가? 바로 근저당권 설정 유무가 훗날 채무자와 채권자 관계를 넘어 부동산 경매에도 많은 영향을 끼친다는 것이다.

채무자는 정의롭고, 채권자는 나쁜 사람이다?

•

간혹 몇몇 영화나 드라마에서 채권자를 매우 악독하게 묘사하고, 채무자는 선량한 피해자로 그리는 경우가 있다. 채권자는 채무자의 재산에 빨간 딱지를 붙이며, 더 이상 오갈 곳 없는 채무자를 그야말로 벼랑 끝으로 몰아내는 사람처럼 묘사되기도 한다. 물론 그런 경우가 실제로 있을 수 있다.

그러나 기본적으로 채무자는 돈을 갚지 못한 사람이다. 반대로 말하면 채권자는 돈을 빌려주고도 제대로 받지 못한 사람이다. 즉 정당하게 돈을 돌려받고자 법적 수단으로써 경매 제도를 활용한 것이고, 이렇게 나온 매물을 투자자들이 매입하게 된다. 다시 말해 예비 투자자인 우리가 경매 물건을 매입하려고 지불한 돈은 결국 본래 돈을 받아야 하는 채권자들에게 돌아가게 된다.

그렇다고 해서 채무자는 항상 나쁘고, 채권자는 항상 옳다고 생각하는 것도 좋지 않다. 채무자와 채권자의 복잡한 이해관계 속에서 모두 원치 않게 피해를 봤을 수 있기 때문이다. 중요한 것은 일부 미디어에서 그려놓은 편향된 이미지만 믿어서는 안 된다는 것이다. 채무자든 채권자든, 그리고 우리와 같은 투자자든 한쪽이 무조건 나쁘다고 생각하는 우를 범하지 않도록 조심하자.

임의경매와 강제경매를
구분할 수 있어야 한다

•

앞서 강제경매와 임의경매의 근저당권 설정 유무에 따른 차이점을 알아보았다. 여기에 부동산 경매 투자자라면 꼭 알아둬야 할 두 경매의 중요한 차이점이 하나 더 있다. 바로 '경매 취하의 가능성'이다. 차근차근 살펴보겠지만 이러한 차이점 때문에 강제경매와 임의경매를 확실히 구분할 수 있어야 하다.

아래 그림과 같은 관계를 생각해보자. 채무자는 기본적으

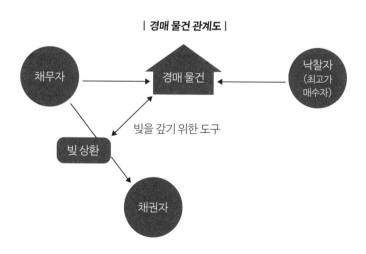

| 경매 물건 관계도 |

로 채권자에게 돈을 빌렸으므로, 당연히 돈을 갚아야 한다. 앞서 설명한 대로 이때 두 사람 사이에 간단한 차용증 정도만 오갔다면 결과적으로 강제경매가 될 것이고, 근저당권 설정 등의 법적 조치가 있었다면 임의경매가 될 것이다.

채무자가 돈을 갚지 못한 경우, 채권자는 돈을 돌려받기 위해 법원에 경매 신청을 한다. 신청이 통과되면 채무자의 부동산이 경매 물건으로 나오게 된다. 부동산 경매 투자자들은 이러한 물건에 입찰하고, 그중 최고가를 적어낸 사람이 최고가 매수자, 즉 낙찰자가 된다.

그런데 채무자가 경매 절차가 진행되고 있는 와중에 채권자에게 돈을 갚는다면 어떻게 될까? 이 경우 물건이 경매에 나오게 된 근본적인 원인, 다시 말해 채무가 사라졌으므로 경매를 신청한 채권자는 경매를 취하하려고 한다.

하지만 강제경매는 취하 자체가 쉽지 않다. 채권자가 강제경매를 취하하려면 경매 입찰자 중 1등, 즉 최고가 매수자인 낙찰자의 동의를 받아야만 한다. 반면 임의경매는 이런 조건이 필요하지 않다. 돈을 모두 돌려받았다며 채권자가 경매 취하를 신청하면 별다른 절차 없이 경매 자체가 취하된다! 이 경우 낙찰자 입장에서는 입찰 보증금을 돌려받으니 금전적 손해는 없을지 몰라도 시간적, 감정적 손해는 입은 채 말짱 도루묵 신세가 된다.

입찰자 관점에서 다시 한번 생각해보자. 이와 같은 상황이 발생할 수도 있는 물건은 어떤 것일까? 입찰하려는 물건의 채권액, 다시 말해 내가 입찰하려는 물건에 근저당권 등의 법적 조치가 있었다고 해보자. 하지만 그 물건이 경매에 나오게 된 사유인 채권액이 몇천만 원 정도로 소액이라면 위험하다. 그 물건을 낙찰 받더라도 잔금 납부 기간에 채무자가 빚을 충분히 갚아버리면 경매 자체가 취하될 수도 있기 때문이다.

강제경매라면 어떨까? 임의경매와 달리, 해당 물건의 채권액이 고작 500만 원일지라도 경매 취하가 쉽게 되지 않는다. 따라서 부동산 경매 투자자 입장에서는 강제경매가 좀 더 안전한 선택인 편이다.

실제로는 부동산 경매 투자자가 강제경매와 임의경매를 구분해 투자를 결정하지는 않는다. 다만 이런 차이점을 한 번쯤 알아둘 필요가 있어서 여기에 설명했다. 앞서 말한 대로 경매가 취하되어도 낙찰자는 낙찰 보증금을 돌려받으니 금전적 손해는 없다. 하지만 낙찰 받았다는 기쁨도 잠시 실망감을 느끼고, 그 물건을 찾아내고 입찰하기까지의 시간을 허비한 셈이 된다. 시간적, 감정적 손해가 상당한 편이라고 할 수 있다. 또한 현실적으로는 경매 투자에 있어 임의경매가 강제경매보다 물량이 훨씬 많은 편이라 주의가 필요하다.

마지막으로 알려주고 싶은 점은 자신의 부동산에 대해 부동산 경매 투자자 입장이 아닌, 채권자와 채무자 입장에서도 생각해보는 시간을 가져야 한다는 것이다. 어쩌면 자신의 부동산이 경매에 넘어가는 일이 일어날 수도 있다. 이 경우 원상복구의 여지를 남겨두기 위해 사전에 근저당권 설정을 해둘 필요가 있다.

부동산 경매,
왜 지금인가?

여기서는 부동산 경매 투자에 앞서 '지금 바로' 부동산 경매에 나서야 하는 이유를 짚고 넘어가겠다. 경매를 한 번쯤 공부해보았다면 앞으로 소개할 내용이 뻔해 보일 수도 있겠지만, 투자 타이밍에 대해 다시 점검하는 시간이 되었으면 한다. 반대로 경매를 전혀 공부해보지 않은 사람이라도 눈치가 빠르다면 지금까지 배운 내용만으로 부동산 경매가 얼마나 매력적인 투자 방법인지 깨닫고, 얼른 투자를 시작하고 싶은 마음이 들었을 것이다.

앞서 말한 대로 부동산 경매는 남녀노소 누구나 할 수 있는, 자격증이 필요 없는 투자 방법이다. 심지어 부동산이라고 하는 대단히 매력적인 자산을 '할인'된 가격으로 매수할 수 있다. 이뿐만이 아니다. 매수하기 위한 경쟁률도 다른 투자 방법에 비교할 수 없을 만큼 낮다. 매일매일 주식 앱을 열어 매도, 매수에 참여하는 투자자의 수와 법원에서 입찰하는 사람의 수를 비교해보라. 주식 시장은 온라인을 통해 누구나 접근할 수 있으므로, 주식 투자에 뛰어들지 않았더라도 그 열기를 짐작할 수 있을 것이다. 반면 부동산 경매 시장은 오프라인 공간에서 기껏해야 몇십 명이 모일 뿐이다. 경쟁률이 어디가 더 낮을지 불 보듯 뻔하다.

일반 부동산 투자에 비해
경쟁자가 적다

•

앞으로 하려는 이야기는 이처럼 당연한 이야기가 아니다. 우리는 부동산 경매를 왜 지금 공부해야 하고, 또 늦지 않게 투자에 참여해야 할까? 그 이유는 머지않은 미래에 부동산 경매 투자의 황금기가 도래할 것이기 때문이다.

우선 몇 가지 용어를 체크해보자.

- **낙찰률:** 매달 낙찰된 경매 물건의 건수(예시: 이달 경매 시장에 나온 물건 100건 중 70건이 낙찰되었다면 낙찰률은 70%)
- **낙찰가율:** 경매 물건의 감정가 대비 낙찰가 비율(예시: 감정가가 5억 원인 경매 물건이 4억 5,000만 원에 낙찰되었다면 낙찰가율은 90%)
- **유찰:** 경매에 나온 물건을 사고자 하는 사람이 없어서 경매가 진행되지 않는 것을 '유찰'이라고 하며, 유찰 시 20~30% 할인된 가격으로 경매를 다시 진행한다. 만약 5억 원짜리 경매 물건이 유찰되어 4억 원으로 할인되었고, 이 가격에 낙찰되었다면 낙찰가율은 80%가 된다.

낙찰률과 낙찰가율은 향후 부동산 경기 전망을 예측할 수 있는 대단히 유용한 지표다. 일단 낙찰률이 낮다는 것은 쉽게 말해 경매에 나온 물건을 사려는 사람이 없다는 뜻이다. 다시 말해 경쟁자가 없다는 의미다.

2022년 11월 기준 서울의 아파트 낙찰률은 14.2%였다.

이는 서울 지역에서 경매로 나온 아파트 10채 중 8채는 낙찰되지 않았다는 말이다. 이것을 한번 더 깊숙이 생각해보면, 초보 투자자도 어렵지 않게 낙찰 받을 수 있는 물건이 그만큼 많다는 뜻이다. 2022년 11월 전국 기준으로는 낙찰률이 고작 32.7%였다. 이는 28.7%를 기록했던 2009년 3월 이래 최저 수준이다. 그만큼 부동산 경매 시장에는 현재 경쟁자가 적다.

부동산 경매는 한동안 경쟁자가 쉽게 늘어나지 않을 것으로 전망된다. 낙찰가율이 계속 하락하고 있기 때문이다. 낙찰가율은 경매 물건을 매수하려는 사람들의 미래에 대한 기대치를 반영한다. 예를 들어 머지않은 미래에 상승하리라고 예상되는 경매 물건이라면 많은 사람이 바로 매수에 들어갈 것이다. 반면 현재 감정가보다 미래에 가치가 떨어지거나 상승하기까지 시간이 오래 걸릴 것으로 예상된다면 아무도 당장 매수하지 않을 것이다. 이것이 현재 낙찰가율이 계속 하락하고 있는 이유다.

낙찰률을 통해 부동산 경매 시장의 경쟁자가 적다는 것을 파악했다면, 낙찰가율을 통해 경쟁 강도를 예상해볼 수 있다. 결론적으로 부동산 경매 시장은 경매 물건을 사려는 사람도 적을뿐더러, 그나마 부동산 경매 시장에 관심을 보이는 사람마저도 소극적인 자세를 보이고 있다.

지금 당장 부동산 경매 시장에 주목해야 하는 첫 번째 이유가 바로 이것이다. 적은 경쟁자! 그리고 낮은 경쟁 강도!

경매는 수요보다
공급이 더 많다

●

부동산 경매 시장에 주목해야 하는 두 번째 이유는 무엇일까? 한마디로 말하자면 수요보다 공급이 더 많기 때문이다. 부동산 경매 시장의 수요자, 다시 말해 부동산 경매 투자자 입장에서는 경쟁자는 줄어드는 반면, 공급은 늘어날 예정이다. 부동산 경매 매물이 계속 늘어날 것이라는 증거는 너무나 명확하다. 서울 강남권을 예로 들자면, 2023년 1월 한 달 동안 나온 경매 매물 건수는 2022년 경매 매물 건수의 30%에 이른다. 즉 한 달 만에 지난해 전체 매물의 1/4에 해당하는 물량이 경매로 나온 것이다. 왜 이런 일이 발생하고 있는 것일까?

다들 짐작하겠지만 바로 금리 때문이다. 지난 몇 년 동안 유지된 저금리 기조로 인해 많은 사람이 대출을 통해 이른바 레버리지 효과를 누려왔다. 대출을 어마어마하게 끌어다가 갭투자를 한 사람도 있었고, 빌라나 꼬마 빌딩을 매수한 사람도 있었다. 하지만 2023년 모두가 알다시피 고금리 시대가 도래하며 대출 이자가 천정부지로 솟아올랐다. 즉 현재는 빚을 갚는 것 자체가 너무 어려워졌다. 앞서 말했듯이 경매로 나오는 물건은 근본적으로 소유자가 빚을 갚지 못했다는 뜻이다. 따라서 부동산 경매 물량이 계속 쏟아진다는 것은 그만큼 높은 이자를 감당하지 못한 사람이 늘었다는 뜻이기도 하다.

2023년 상반기 기준으로 부동산 경매 시장에서는 물건은 계속 쏟아져 나오는데 그걸 사려는 사람이 좀처럼 없다. 이 얼마나 매력적인 시장인가. 이에 더해 부동산 경매 시장은 본질적으로 매우 독특한 특징이 하나 있다. 부동산 경매에 한번 나온 물건은 대부분 사라지지 않고 남아 있다. 물건의 특성상 법적 절차를 통해 거래가 성사되어야만 하기 때문이다. 앞서 말한 대로 채무자가 빚을 갚으면 경매 매물로 나온 물건을 거둬들일 수는 있겠지만, 고금리로 인해 이마저

쉽지 않다.

지금이야말로 아파트, 빌라, 꼬마빌딩 등을 대폭 할인된 가격에 매수할 수 있는 적기다. 이것이 당신이 지금 당장 부동산 경매 투자 공부를 시작해야만 하는 이유다. 동서고금을 막론하고 반드시 성공할 수밖에 없는 필승의 투자법은 정해져 있다. 싸게 사서 오를 때까지 기다리는 것. 지금은 이 간단한 투자법이 빛을 발하는 시기다.

아울러 이런 투자 목적이 아니더라도 부동산 경매에는 반드시 관심을 가져야 한다. 내 집 마련의 꿈을 현실로 만들어 줄 몇 안 되는 방법이기 때문이다. 특히 투기과열지구나 토지거래허가구역 안에 있는 부동산을 원한다면 주목해야 한다. 부동산 경매를 통해 투기과열지구나 토지거래허가구역 등 규제 지역의 부동산을 마련하면 두 가지 의무가 사라진다. 첫째, 실거주 의무가 없다. 따라서 물건 낙찰 이후 실거주를 하지 않고 바로 전세를 줄 수 있어 자금 조달이 원활하다. 둘째, 자금 출처를 소명할 의무가 없다. 집을 살 계획이 있다면, 자금 출처 소명을 먼저 준비해야 한다는 것은 이미 상식이 되었다. 학업, 취업을 위한 자소서(자기소개서) 지옥에서 벗어났더니 더 어려운 자조서(자금조달계획서)가 기다리고 있다는 웃지 못할 이야기도 있다. 하지만 부동산 경매로 주택을 구입하면 이런 것에서 자유로워질 수 있다.

본디 부동산 경매는 시세보다 싸게 살 수 있다는 장점이 있지만, 설령 시세와 별다른 차이 없이 경매 물건을 낙찰 받더라도 이처럼 나름의 장점이 있다. 이제 인터넷 포털 사이트에서 경매 관련 뉴스를 검색해보자. 그리고 여기서 배운 내용을 토대로 경매 낙찰가 등 향후 전망을 다룬 뉴스 기사를 능동적으로 읽고 이해해보자. 부동산 전망은 늘 관심을 기울여야 하는 뉴스다.

부동산 경매의
큰 그림부터 파악하라

우리가 이 책을 통해 배우고, 나아가 직접 도전해보려는 이유는 정확히 따지자면 부동산 경매를 통해 투자 수익을 얻기위함이다. 다시 말해 부동산 경매를 재테크 수단으로 활용하는 것이다. 앞서 우리는 부동산 경매의 사전적 정의와 분류를 살펴보았다. 본격적인 투자에 앞서 한 번쯤 이렇듯 개념을 체계적으로 살펴볼 필요가 있지만, 당연히 부동산 경매투자를 잘하려면 이론보다는 실전이 더욱 중요하다.

두 손을 부지런히 놀리며 물건을 찾아보고, 두 발로 뛰어

다니며 몸으로 직접 경험을 할 때 자기만의 경매 투자 로드맵과 재테크 비법이 조금씩 생겨날 것이다. 여기서는 내가 직접 발로 뛰어다니며 체득한, 실전적인 부동산 경매 투자 재테크의 큰 그림을 공유하고자 한다.

적극적 재테크와
방어적 재테크

•

일단 경매를 재테크 관점에서 바라보자면 크게 적극적 재테크와 방어적 재테크로 나눌 수 있다. 적극적 재테크란 적극적으로 수익을 추구하는 재테크다. 경매를 통한 적극적 재테크는 상대적으로 낮은 가격에 부동산을 매수하고, 이를 바탕으로 임대소득 또는 사업소득을 창출하거나 다른 사업의 밑자본으로 활용하는 것을 말한다. 이는 동시에 부동산 경매에 대한 보편적인 인식이기도 하다.

그렇다면 방어적 재테크란 무엇일까? 방어적 재테크는 말 그대로 누군가의 공격으로부터 나의 자산(대표적으로 부동산)을 지키는 재테크다. 때로는 적극적으로 수익을 추구하는 것보다 보유하고 있는 자산을 지키는 것이 훨씬 중요할 때가 있다. 그럴 때 그 무엇보다 유용한 것이 바로 경매의 기술이다. 부동산 경매를 한 번만 제대로 배워둬도 삶의 무기로써 다양하게 활용할 수 있다. 부동산 경매는 때론 수익을 적극적으로 추구하는 기술이 되었다가, 외부의 공격을 받을 때는 내 재산을 보호하는 삶의 방패가 되어준다.

다음 표는 내가 경험을 통해 터득한 재테크 관점에서의 부동산 경매를 알기 쉽게 정리한 것이다. 앞서 설명한 대로 크게 적극적 재테크와 방어적 재테크로 분류했다. 먼저 방어적 재테크를 살펴보자. 방어적 재테크의 목표는 이미 말한 대로 자산 보호다. 보호 대상은 자신이 소유하고 있는 부동산(또는 지인 물건)이다.

적극적 재테크를 조금 더 세부적으로 살펴보자. 적극적 재테크 측면의 경매에는 기본적으로 임대소득 창출, 사업소득 창출, 사업 기반 마련, 이렇게 세 가지가 있다. 그리고 드물게 경매를 통해 주거 목적의 내 집 마련을 꿈꾸는 경우도 있다.

경매에 참여하는 사람은 당연히 '나' 개인이다. 그런데 이 '개인'이라는 말을 조금 더 세분화해서 이해할 필요가 있다.

| 재테크 관점에서의 경매 목적별 특징 |

분류		세부 목표	주체	객체	거래 대상	대안	대안 분석
적극적 재테크	내집 마련	거주	개인	주택, 아파트, 오피스텔	법원	청약	• 필요 금액: 일반 시세 > 청약가 > 경매가 • 낙찰 시 청약 통장 활용이 어려워짐
	임대	월세 창출 (임대 소득)	개인 또는 법인	주택, 아파트, 오피스텔, 상가, 공장, 창고, 토지	법원	일반 매매 전대	• 약간의 번거로움을 거치면 일반 시세 대비 50~60% 가격으로 부동산 소유 가능 • 전대의 경우 소유주 동의 필요
	매매	매매 차익 창출 (사업 소득)	개인 또는 법인	주택, 아파트, 오피스텔, 상가, 공장, 창고, 토지	법원	일반 매매	약간의 번거로움을 거치면 일반 시세 대비 50~60% 가격으로 부동산 소유 가능
	창업	사업 기반 마련	개인 또는 법인	오피스텔, 상가, 공장, 창고, 토지	법원	임차	임차와 전대 모두 비슷한 수준의 월세 또는 월이자를 내게 됨. 그러나 경매는 부동산을 소유할 수 있지만, 임차는 소유하지 못함
방어적 재테크		자산 보호	개인 또는 법인	소유 부동산	법원		자신과 주변인 경매 시 방어 가능

'개인' 자격으로 경매에 참여할 수도 있지만 '사업자' 자격, 즉 '임대사업자'로서 경매에 접근할 수도 있다. 나아가 '개인' 또는 '개인사업자'가 아닌 '법인'으로 경매에 접근해 물건을 낙찰 받는 것도 가능하다.

이처럼 경매 참여의 주체는 '개인', '개인사업자(=임대사업자)', '법인'으로 나뉘며, 세금 관점에서 접근하면 내 목적과 부합하면서도 유리한 포지션을 선택할 수 있다. 만약 빌라, 소형 오피스텔 등을 여러 건 낙찰 받아 지속적인 월세 소득을 창출하는 것이 목적이라면 임대사업자를 등록하고 진행하는 것이 유리한 편이다. 다만 섣불리 판단하지 말고 정부 정책 등에 따른 유불리를 잘 따져봐야 한다. 한편 대규모의 부동산을 매수할 경우에는 법인 설립이 절세 측면에서 유리하다.

경매의 객체, 즉 경매에 나오는 물건은 주택, 아파트, 오피스텔, 빌라, 상가, 공장, 창고, 토지, 선박 등등 다양하다. 그러나 초보자 입장에서는 아무래도 아파트, 오피스텔, 빌라, 상가 등이 접근하기 쉬울 것이다.

마지막으로 매물의 상태에 관해 짚고 넘어가자. 경매 참여 시 거래 대상은 엄밀하게 봤을 때 법원이다. 만약 하자가 있는 부동산이 경매에 나온다면 법원은 관련 내용을 사전에 상세히 공지한다. 따라서 투자자가 선제적으로 꼼꼼히 확인한다면 부동산 경매는 매물 상태에 대해 따로 걱정하지 않아도 되는 안전한 거래라고 할 수 있다.

개인적으로 경매는 입문 초기에 필연적으로 겪게 되는 심리적 진입 장벽만 잘 극복한다면 단점이랄 것이 거의 없는 말 그대로 환상적인 투자라고 생각한다. 그럼에도 불구하고 명확한 단점이 딱 하나 있다. 바로 투자하고자 하는 물건의 실제 내부를 확인하기 어렵다는 것이다. 예를 들어 A아파트 B동 C호가 경매 매물로 나왔다고 해보자. 아파트 단지나 입지 등은 인터넷이나 주변을 직접 걸어다니며 확인할 수 있을 것이다. 그러나 C호의 내부 상태를 확인할 공식적인 방법은 없다. 이 점은 분명 단점이라고 할 수 있다. 경매 투자 실력을 키우는 과정에는 이러한 단점을 극복하는 노하우를 쌓아가는 것도 포함된다. 이를테면 같은 아파트 단지에 있는 같은 평수의 평면도를 확인한다거나 붙임성 좋게 초인종을 누르고 방문해보는 방법 등이 있다.

임대소득 창출을
위한 경매

●

'임대소득 창출' 목적의 경매는 어쩌면 부동산 경매 투자 중에서 가장 큰 비중을 차지하고 있을지도 모른다. 일반 시세 대비 상대적으로 저렴한 가격에 부동산을 매수해 임대를 주는 방식으로 다달이 월세 소득을 얻을 수 있기 때문이다. 임대소득 목적의 부동산 경매에서는 통상적으로 임대를 주기 쉬운 빌라, 오피스텔 또는 상가를 다룬다.

임대소득 창출이라는 관점에서 경매를 통해 싸게 낙찰 받아 임대를 주는 것을 대체할 만한 방법에는 무엇이 있을까? 가장 손쉬운 방법은 그냥 매매하는 것이다. 다시 말해 일반 매매를 하고 임대를 주는 방식이다. 그러나 이 방법에는 우리 모두가 알고 있는 치명적인 단점이 있다. 바로 비용이 너무 많이 들어간다는 것이다. 경매의 경우 운이 좋으면 일반 매매 대비 거의 절반 가격으로 부동산을 소유할 수 있다. 또 다른 대안을 군이 찾아보자면 전대가 있을 수 있다. 전대란 기본적으로 내가 먼저 임대를 한 뒤, 다시 재임대를 주는 것이다. 이 방법 역시 단점이 있다. 원 소유주가 원치 않을 수 있다는 것이다.

임대소득 창출을 위한 여러 방법을 따져보았을 때, 경매처럼 일반 시세 대비 대폭 낮은 가격으로 부동산을 살 수 있는 방법은 거의 없다. 물론 경매는 초반에 번거로운 점이 없지 않다. 몇 가지 공부해야 할 것도 있고, 손품은 물론이고 발품도 팔아야 하기 때문이다. 하지만 이를 감내할 수 있을 만큼 장점이 엄청나다.

마지막으로 주의사항을 알려주자면, 임대소득 목적으로 부동산 경매에 접근할 때는 주변 환경, 상권 등을 잘 살펴보고 임차인을 손쉽게 구할 수 있는지 깊이 따져봐야 한다.

사업소득 창출을
위한 경매

•

'사업소득 창출'을 위한 경매 역시 임대소득 창출을 위한 경매와 세부 내용이 비슷하다. 그렇기 때문에 보통은 경매로 낙찰 받은 건물을 통해 임대소득을 쭉 받다가 적절한 시점에 그 건물을 매도해 시세차익을 얻는 방법으로 진행한다. 매매차익을 얻기 위한 방법인 만큼 미래 가치를 분석하는 것이 가장 중요하다.

간단히 말해 낙찰 받은 건물을 통해 월세를 안정적으로 얻고 있다 하더라도 그 건물이 시간이 흘러도 가격이 오르지 않으면 문제가 된다. 매도에 시세차익을 꾀하기가 어려워지기 때문이다. 따라서 경매 물건을 이리저리 따져보고 분석할 때는 해당 물건의 미래 가치가 어떻게 변화할지를 연구해야 한다.

즉 부동산 경매의 목적이 임대소득이든 사업소득이든 간에 기본적으로 부동산 경매에 투자할 때는 낙찰 이후 임차인을 쉽게 구할 수 있는지, 그리고 낙찰 받은 물건의 미래 가치를 집중적으로 생각해봐야 한다.

사업 기반 마련을 위한 경매

•

사업 기반 마련을 위한 경매는 임대소득 또는 시세차익을 얻기 위한 경매 투자와는 조금 다르다. 우선 목적부터가 다르다. 임대소득이나 시세차익 창출을 위한 거래가 수익을 얻기 위해서라면, 사업 기반 마련의 주요 목적은 말 그대로 자신의 사업을 펼치기 위한 물리적 기반을 마련하는 것이다. 카페, 레스토랑, 편의점, PC방, 헬스클럽, 자신만의 특기를 살린 작업실 또는 공방 등 무엇이 되었든 간에 내 공간에서 장사를 하는 것만큼 마음 편한 일이 없다. 다른 사람의 공간을 빌리고 오랜 시간 피땀 흘려 자리를 잡아놨는데, 다음 달에 자리를 비워 달라는 통보를 받게 된다면 맥이 쭉 빠지고 말 것이 분명하다. 훗날을 위해서는 처음부터 월세 낼 돈으로 자기 사업의 물리적 기반을 마련할 방법을 알아봐야 한다.

이와 관련해 내가 직접 겪은 생생한 사례를 하나 공유한다. 지금과는 경제 상황이 다르지만, 경매를 통해 물건을 받은 나의 상황과 임차인의 상황에 주목해서 비교해보기 바란다.

10여 년 전, 인천에 있는 감정가 2억 7,800만 원짜리 상가가 경매 물건으로 나온 적이 있다. 최저 입찰가는 감정가의 49%인 1억 3,220만 원! 나는 1억 5,700여만 원에 입찰해 이 물건을 낙찰 받았다. 입찰가 1억 5,700여만 원 중 1억

| 인천시 상가 경매 정보 |

소 재 지	인천광역시 남동구 구월동 [ ]						
물건종별	근린상가	감 정 가	278,000,000원		오늘조회: 1 2주누적: 0 2주평균: 0		
				구분	매각기일	최저매각가격	결과
대 지 권	9.956㎡(3.01평)	최 저 가	(49%) 136,220,000원		2009-10-01	278,000,000원	변경
				1차	2009-12-01	278,000,000원	유찰
				2차	2010-01-04	194,600,000원	매각
건물면적	35.72㎡(10.81평)	보 증 금	(20%) 27,244,000원		매각 195,000,000원(70.14%) / 1명 / 미납		
				3차	2010-03-02	194,600,000원	유찰
매각물건	토지·건물 일괄매각	소 유 자	정○○	4차	2010-04-01	136,220,000원	
					매각 157,878,000원 (56.79%)		
개시결정	2009-04-01	채 무 자	[ ]		(입찰3명,매수인:박○○ / 차순위금액 150,110,000원)		
					매각결정기일 : 2010.04.08 - 매각허가결정		
사 건 명	임의경매	채 권 자	우리은행		배당기일 : 2010.06.04 배당종결 2010.06.04		

출처: 옥션원

4,000여만 원은 대출로 마련했고, 입찰 보증금과 등기비용
을 합해 약 2,000만 원의 자기자본을 투자했다.

그리고 이 낙찰 받은 상가에 대해 보증금 2,000만 원, 월
세 110만 원 조건으로 임대를 내놓았다. 본래의 임대 조건
은 보증금 2,500만 원, 월세 120만 원이었으나 하루 빨리 임
차인을 찾기 위해 조건을 다소 조정했다. (당시 월세로 대출 이
자를 충당해야 했기 때문이다.) 대신 임대 기간을 1년으로 계약

하고 1년 후 임대료를 인상하는 전략이었다.

여기서 잠깐 정리해보자. 감정가 2억 7,800만 원짜리 상가를 자기자본 2,000여만 원과 대출을 통해 내 것으로 만들었다. 그리고 보증금 2,000만 원, 월세 110만 원의 조건으로 임대차 계약을 체결해 투입된 자기자본을 회수하고, 대출 이자도 충당했다. 간단히 정리하자면 다음과 같다.

상가의 감정가: 2억 7,800만 원

낙찰금액: 1억 5,700여만 원(자기자본 2,000만 원+대출)

- 자기자본(2,000만 원) → 보증금을 통해 회수
- 대출 → 유지
- 대출 이자 → 월세를 통해 충당

임대차 계약을 빠르게 체결했으니 실제로는 대출만 활용하고 내 자본이 하나도 들지 않은 셈이다. 앞서 간단히 설명했듯 이런 투자 방식을 무피 투자라고 부른다.

여기서 입장을 바꿔 이 물건에 들어온 임차인을 한번 생각해보자. 보증금 2,000만 원, 월세 110만 원으로 임대차 계약을 한 임차인은 커피숍을 열고자 했다. 그 임차인이 자기

커피숍을 오픈하기 위해 사용한 비용은 대략적으로만 정리해도 다음과 같다.

- **임차 보증금:** 2,000만 원
- **커피숍 인테리어 비용:** 4,000만 원
- **부대비용**(기계, 집기, 커피머신 등)**:** 2,000만 원

거의 8,000여만 원의 비용이 발생한 셈이다. 여기서 커피숍 인테리어 비용과 부대비용은 차치하고 생각해보자. 나는 자기자본 2,000만 원과 대출을 활용해 상가의 소유주가 되었으며, 그마저도 보증금을 받았기 때문에 사실상 자기자본을 아예 지출하지 않았다. 반면 임차인 입장에서 생각해보면 임차 보증금 2,000만 원이 발생한 것이다.

이 두 입장을 비교했을 때 우리가 얻을 수 있는 교훈은 명확하다. '경매'라고 하는 약간의 번거로움만 잘 거치고 나면, 훨씬 안정적인 기반에서 사업을 펼칠 수 있다는 것이다. 그러니 카페든, 식당이든, 자기만의 공간이든 물리적 기반이 필요하다면 우선 경매라는 제도를 한번 들여다보고, 경매에 나온 물건부터 살펴보길 바란다.

내 집 마련을
위한 경매

●

실무적으로 봤을 때, 내가 실제로 들어가 살 집을 구하는 방법으로 경매를 고려하는 사람은 많지 않다. 그러나 경매를 통해서도 주거 목적으로 집을 충분히 구할 수 있다. 더 나아가 운만 따른다면 일반 매매로는 구하기 어려운 물건을 잡을 수도 있다. 따라서 모든 가능성을 열어두고 생각해보았으면 한다.

이번에도 내 집 마련 목적의 경매를 대체할 만한 방법에 무엇이 있을지 따져보자. 당연히 일반 매매는 대안이 될 수 없다. 비용이 무지막지하게 들어가기 때문이다. 그렇다면 남은 대안은 단 하나, 청약 제도다. 그러나 아직 젊은 사회초년생 사이에는 경매 투자에 대한 두려움이 있는 듯하다. 부동산 경매 투자에 도전해볼 작정으로 이것저것 살펴보다가, 괜히 경매 투자를 해서 기껏 모아놓은 청약 통장이 무용지물이 될까 걱정하는 것이다.

청약 통장을 활용하려면 기본적으로 일정 기간 동안 무주택자여야 한다. 경매 투자를 통해 오피스텔, 빌라 등을 낙찰 받아서 소유주가 되면 유주택자이므로 청약 통장을 활용하기가 어려워진다. 따라서 청약과 경매는 애초에 병행하기가 어려운 관계다. 그렇다고 해서 한쪽을 무조건 포기하지는 말고, 경기 상황을 고려해 잘 선택하기 바란다.

개인적으로 나는 청약 제도를 활용해볼 기회가 없었다. 청약 제도를 활용하기도 전에 집을 수없이 사고팔다 보니, 무주택자에게 우선권이 주어지는 청약 제도가 나에게는 쓸모가 없었던 것이다. 청약 제도의 유불리는 경기 상황, 부동산 정책 등을 종합적으로 고려해 판단해야 한다. 다만 현 시점에서는 청약 제도보다는 부동산 경매 투자가 훨씬 더 유망하고 매력적으로 보이는 것이 사실이다.

지금까지 부동산 경매 투자를 활용한 재테크에 대해 살펴보았다. 부동산 경매 투자를 잘만 활용하면 임대소득을 창출해 안정적인 현금 흐름을 만들 수도 있고, 미래 가치를 제대로 예측하고 투자한다면 상당한 시세차익을 얻을 수도 있다. 나아가 자기 사업의 기반을 마련하거나 청약 제도를 대체해 내 집을 마련할 수도 있다. 이 모든 시나리오의 공통 전제는 일반 시세 대비 30~50%가량 (또는 그 이상) 저렴한 금액으로 가능하다는 것이다.

끝으로 다시 한번 덧붙이자면, 부동산 경매 투자를 포함해 피땀 어린 노력의 결과인 자산을 방어하고 보호하는 데도 부동산 경매 투자가 요긴하게 쓰인다. 이 정도면 경매는 우리가 살아가는 데 있어 필수적인 삶의 무기이자 방패가 아닐까?

부동산 경매 투자의
진행 단계 이해하기

앞서 부동산 투자를 재테크 관점 및 다양한 목적에 따라 구분해서 알아보았다. 그렇다면 이제 본격적으로 부동산 경매 투자의 기본 단계와 공식을 배워보도록 하자. 먼저 부동산 경매 투자의 기본 개념과 5단계 과정을 이해하고, 각 목적에 따라 체계화된 부동산 경매 투자의 수익-비용 구조를 살펴볼 것이다.

부동산 경매
투자 첫걸음

•

우선 부동산 경매 투자를 할 때 절대 잊어서는 안 될 공식이 하나 있다.

일반 매매가 = 경매가 + X

바로 '경매가에 뭔가를 더해야 일반 매매가가 된다'는 것이다. 쉽게 말하자면 경매로 물건을 낙찰 받아 매수한다는 것은 기본적으로 일반 매매가에 비해 (채무자-채권자 간의 이런저런 사정으로 인해) 상대적으로 낮은 가격에 물건을 살 수 있다는 뜻이다.

다만 세상의 웬만한 일이 그러하듯 싸게 살 수 있다는 것에는 일종의 대가가 붙는다. 바로 위 공식에서 말한 'X'다. 그 대가란 작게는 물건을 매수하는 과정에서 직접 법원에 방문해야 한다거나, 각종 법적 권리를 스스로 분석해봐야 한다거나, 매수 이후 기존에 거주하고 있던 사람을 내보내는 과정을 거쳐야 한다거나 하는 것들이다. 이 대가를 쉽게 말해 약간의 번거로움이 따른다고 표현한다. 몇 번 강조하지만 부동산 경매는 약간의 번거로움을 감수하고 특정 부동산을 시세보다 싸게 매수하는 과정이다.

그러나 지레 겁먹지 않아도 된다. 여기서 말하는 번거로움은 관점을 조금만 달리하면 '재미'라는 단어로 바꿀 수 있다. 나는 경매 투자가 그림 그리기 내지는 퍼즐 맞추기와 유사하다고 생각한다. 경매 투자란 결국 해당 지역에 싸게 나온 물건을 인수해 그 물건을 주변 지역에 알맞게 개조하고 수리함으로써 주변과 잘 어우러지게 만드는 과정이기 때문이다.

따라서 시세보다 싸게 사는 대신 겪어야 할 대가를 번거로움이 아닌 재미라고 여겼으면 한다. 물건의 시세를 알아보고, 어떤 그림을 그릴지 구상해보고, 또 자신이 예측한 대로 일이 진행되는 과정에서 분명 재미를 느낄 수 있을 것이다. 경매 투자를 오래 지속하는 비결은 이러한 재미에서 나온다. 즉 금전적인 면만 따져봐도 부동산 경매 투자에 도전하려는 동기부여를 얻을 수 있지만, 이를 지속하게 만드는 동기부여는 다름 아닌 재미다. 이를 잊지 말았으면 한다.

부동산 경매 투자의
기본 5단계

•

그럼 이제 부동산 경매 투자의 절차를 알아보자. 물론 실제로 절차를 진행하다 보면 조금 더 세부적으로 나뉘기도 하지만, 크게는 다음 표와 같이 5단계 절차를 거친다. 2장에서 단계별로 세부 내용과 유의사항, 체크리스트 등을 최대한 상세히 설명할 예정이다. 따라서 여기서는 부동산 경매 투자의 큰 그림과 전체적인 흐름을 대략적으로 이해하기만 하면 된다. 대부분 이 책 초반에 나의 투자 사례로 설명했던 것과 크게 다르지 않다.

Step 1: 물건 검색 및 권리 분석·상업성 분석

첫 번째 단계는 경매에 입찰할 물건을 찾아보고, 투자할 가치가 있는지 따져보는 '물건 검색 및 권리 분석·상업성 분석' 절차다. 이 단계는 기본적으로 자신의 집, 정확히는 온라인에서 이루어진다. 경매 물건을 검색해볼 수 있는 사이트는 정말 많다. 대한민국 법원 법원경매정보 사이트부터 시작해서 익히 알고 있는 네이버 부동산을 포함해 각종 무료, 유료

| 부동산 경매 진행 단계 |

	경매 단계		장소	비용 관점 단계별 포인트
1	물건 검색 및 권리 분석·상업성 분석		인터넷	사이트 이용료
2	현장 조사(임장)		현장	현장 답사 실비
3	입찰과 낙찰		법원	- 입찰 보증금(최저 입찰가의 10%) - 낙찰 이후 약 35일 안에 잔금 납부 - 낙찰 이후 약 35일 안에 등기비용 및 취등록세 납부
4	명도		낙찰 물건	- 최선의 경우: 0원 - 보통: 이사비용(100만~150만 원) - 최악의 경우: 강제집행비용 및 감정 소모
5	낙찰 물건 활용	거주	낙찰 물건	대출 상환, 관리비 고려
		임대		수익(보증금 및 월세)으로 대출 상환
		매매		매매 시점까지의 대출 상환, 양도소득세
		창업		대출 상환, 관리비, 창업비용

사이트가 있는데 사이트별로 장단점이 있다. 우선 유료 사이트는 이용자의 돈을 받아야 하니 무료 사이트에 비해 조

금 더 구체적인 정보가 게재되어 있다. 당연히 무료 사이트는 유료 사이트에 비해 구체성이 떨어지는 편이다. 하지만 경매에 처음 도전하는 사람 입장에서는 굳이 유료 사이트를 이용하지 않아도 된다. 내 개인적인 의견이긴 하지만, 초보자일 때는 무료 사이트로도 충분하다.

우선 투자 방향을 설정해야 한다. 사람들이 주로 투자하는 부동산으로 말하자면, 빌라나 오피스텔에 투자할지 아니면 상가에 투자할지를 결정해야 한다. 이후 희망하는 지역과 가격대를 정하고 검색하다 보면 경매에 나온 물건을 몇 개 찾을 수 있다.

원하는 지역에서 투자 가능 가격대에 맞는 물건을 찾았다면 권리 분석과 상업성 분석을 진행해야 한다. 권리 분석은 실패하지 않는 투자를 위한 첫 단추다. 앞서 살펴보았듯이 권리 분석이란 입찰에 성공했을 경우에 겪어야 할 문제를 미리 알아보는 것이다. 예를 들어 해당 부동산을 점유하고 있는 사람에게 지불해야 할 것(이를테면 보증금)이 있는지, 또는 해당 부동산이 복잡한 법적 문제에 얽혀 있는지를 꼼꼼히 따져보는 과정이다.

이렇게 말로만 들으면 굉장히 어려워 보이지만, 막상 경매 투자에 뛰어들면 생각보다 어렵지 않다. 앞서 언급한 대로 복잡한 권리 분석을 요구하는 물건이 별로 없을뿐더러, 법이라는 기준이 있기 때문에 그 어떤 권리 분석이라도 명확한 답이 존재한다. 즉 열심히 공부하고 주변에 자문을 구하다 보면 의외로 쉽게 답을 낼 수 있다. 만약 권리 분석을 해봐도 그 물건에 입찰해도 될지 확신이 서지 않는다면 어떨까? 그럼 입찰을 포기하면 그만이다. 우리가 입찰할 수 있는 부동산은 그것 말고도 매우 많다.

많은 사람이 권리 분석을 무서워하지만, 내가 보기에 권리 분석보다 중요한 것은 상업성 분석이다. 원하는 지역과 가격대의 경매 물건을 발견했고, 권리 분석도 해보았더니 문제가 없었다고 해보자. 그다음에는 매우 객관적이고 냉정한 관점에서 상업성을 따져봐야 한다. 이것이 바로 상업성 분석이다. 상업성 분석이 어려운 이유는 법의 도움을 받아 정답을 찾을 수 있는 권리 분석과는 다르게, 상업성 분석은 매우 주관적일 수밖에 없기 때문이다.

초보 투자자는 물론이고 어느 정도 경험이 무르익은 투자자라 할지라도 물건을 검색하다 보면 자기도 모르게 장밋빛 미래를 그리게 된다. 자신이 보고 싶은 대로 보고, 믿고 싶은 대로 믿는 것이 인간의 본성이다. 하지만 상업성 분석에서는 본성을 최대한 억누르고 객관적인 시선에서 해당 부동산의 상업적 가치를 따져봐야 한다. 임대가 잘 나갈지, 미래에 가치가 얼마나 상승할지, 해당 부동산을 통해 창출할 수 있는 소득 이외에 대출 이자, 관리비 등등 내가 부담해야 할 지출은 어느 정도나 될지 고려해야 할 것이 무척 많다.

이렇게 손품을 팔며 물건을 찾아보고 법적 권리와 상업성까지 분석했다면 이제는 발품을 팔아볼 차례다.

Step 2: 현장 조사

현장 조사는 인터넷을 통해 조사한 내용을 검증하는 동시에, 실제로 방문해서 눈으로 직접 봐야만 알 수 있는 정보를 모으는 단계라고 할 수 있다. 현장 조사 단계에서는 부동산의 시세, 하자 유무, 주변 환경, 상권 등을 따져봐야 한다. 따라서 부동산 사무소에 찾아가 공인중개사를 만나보기도 하고, 주변에 사는 이웃들에게 말을 걸어보는 등 적극적인 자세가 필요하다.

성공적인 현장 조사를 위해서는 앞서 알아본 Step 1, 즉 물건 검색 및 권리 분석·상업성 분석을 꼼꼼하게 진행해야 한다. 별다른 생각 없이 현장 조사에 나가면 의외로 아무것도 눈에 들어오지 않는다. 현장 조사에 나서기 전에 네이버 지도나 카카오 지도에서 로드뷰 등을 통해 주변 환경을 체크하고 현장에서 무엇을 살펴볼지 계획을 짜보자. 또한 인터넷으로 얻은 정보를 100% 믿을 수는 없으니 수집한 정보를 검증하는 과정도 거쳐야 한다. 그래서 공인중개사나 이웃에게 다가가 적극적으로 대화를 시도해야 하는 것이다.

현장 조사 결과 해당 물건이 입찰할 만한 수준이라고 판단이 섰다면, 이제는 입찰을 준비해야 한다.

Step 3: 입찰과 낙찰

입찰과 낙찰은 법원에서 이루어진다. 입찰을 하려면 경매가 진행되는 일시에 맞춰 경매 최저 입찰가의 10%에 해당하는 보증금을 준비해 관할 법정에 출석해야 한다. 만약 직장 근무 등 여러 사정으로 본인이 직접 출석하기 어렵다면 대리인 제도를 활용할 수 있다. 이 단계에서 제일 중요한 것은 후회하지 않을 입찰가를 설정하는 것이다. 입찰가를 현명하게 설정하는 비결은 따로 없다. 앞서 말한 Step 1과 Step 2를 꼼꼼하게 수행하면 된다.

입찰에 성공하면, 즉 낙찰 이후 진행 단계는 이 책 초반에 말한 것과 같다. 낙찰일 2주 뒤에 잔금을 납부하라는 통지를 받게 되고, 통지를 받은 날로부터 대략 35일 안에 잔금을 납부하면 된다. 확인을 위해 다시 한번 언급하자면, 잔금 납부 통지를 받기 전까지 2주 동안, 해당 부동산의 원 소유주인 채무자가 빚을 갚으면 경매 자체가 취소된다.

Step 4: 명도

명도란 입찰에 성공해 낙찰 받은 부동산의 점유자를 내보내는 것이다. 명도는 통상적으로 잔금 납부 기간 동안에 낙찰 받은 부동산, 즉 낙찰 물건지에서 진행한다. (물론 명도 절차가 이런저런 사정으로 늘어지면 시간이 더 걸릴 수도 있다.) 많은 사람이 부동산 경매 투자에서 번거롭다고 느끼는 단계이긴 하지만, 앞서 소개한 내 사례처럼 운 좋게 점유하고 있는 사람이 없어 깔끔하게 해결되기도 한다.

잔금을 모두 납부하면, 등기부등본에 낙찰자의 이름이 올라간다. 즉 국가에서 공인한 해당 부동산의 주인이 되는 것이다. 이렇게 법적 소유권을 얻게 되면, 점유자가 이사 가지 않고 버티더라도 강제집행을 실행할 수 있다.

명도와 배당기일

경매에 나온 물건은 기본적으로 채무자가 빚을 갚지 못해 나오게 된다. 즉 우리가 어떤 물건을 낙찰 받기 위해 지불한 금액은 낙찰 이후 채무자의 빚을 갚기 위해 쓰인다. 낙찰 이후 채무자의 빚을 갚는 날, 다시 말해 채권자들에게 낙찰금을 배당하는 날을 배당기일이라고 한다. 보통 잔금 납부 이후 한 달째 되는 날이 배당기일이며, 채권자들은 배당 순서에 따라 낙찰금을 나눠 받는다. (법원에 따라 일정이 다를 수 있다.)

권리 분석을 잘 해야 하는 이유 중 하나가 명도에 있다. 낙찰 받고 보니 법적 권리가 꼬여 있던 물건이라면 해당 물건을 낙찰 받고도 낙찰자가 도로 돈을 물어내야 할 수도 있기 때문이다.

Step 5: 활용

명도까지 완료했다면 이제 낙찰 받은 물건을 어떻게 활용할지 궁리하는 즐거운 시간이다. 인테리어를 새로 바꿔서 임대를 놓는 방법도 있고, 자신이 직접 투자해 창업을 할 수도 있다. 물론 성공적인 투자를 위해서는 낙찰 받은 후에 활용 계획을 세우는 것이 아니라, Step 1과 Step 2부터 활용 계획을 웬만큼 세워놓아야 한다.

부동산 경매 투자의
핵심 공식

 부동산 경매 투자의 전체적인 흐름을 이해했다면, 이제 성공적인 부동산 경매 투자를 위한 공식을 알아보도록 하자.

 앞서 설명한 대로 부동산 경매 투자는 내 집 마련, 임대, 매매, 사업 기반 마련, 방어적 재테크 등 크게 다섯 가지 목표로 나눌 수 있다. 이 중에 방어적 재테크를 제외한 수익 창출을 목표로 하는 적극적 재테크(내 집 마련, 임대, 매매, 사업 기반 마련)는 목적에 따라 다음과 같이 표준화된 공식으로 정리할 수 있다.

이 공식은 오랜 부동산 투자 경험을 바탕으로 내가 직접 고안했으며, 경매 투자 목적별로 고려해야 할 비용 발생 요인을 모두 포함했다. 물론 실제로 경매를 진행하다 보면 상황에 따라 추가로 발생하는 일이 생길 수도 있고, 여기에 적어놓은 것 중에 고려하지 않아도 되는 것도 있을 수 있다. 또한 부동산 경매를 한두 번 진행해본 사람이라면 자신만의 공식을 만들 수도 있을 것이다.

중요한 것은 이 책에서 제안하는 공식이든 자신만의 공식이든, 부동산 경매 투자를 진행함에 있어 투자 비용을 명확하게 따져볼 수 있는 공식을 만들어봐야 한다는 것이다.

내가 만든 공식은 1년 동안 드나드는 비용을 중심으로 만든 것이다. 각 요소를 살펴보도록 하자.

- **입찰 보증금:** 최저 입찰가의 10%
- **잔금:** 통상 자신이 입찰한 금액의 90%가 된다. 이 90%를 모두 자기자본으로 충당할 수도 있겠지만, 대부분은 대출을 통해 해결한다.
- **등기비용 및 취득록세:** 등기비는 낙찰가를 기준으로 계산되고, 낙찰 물건의 성질(주택, 상가, 토지 등)에 따라 굉장히 세

| 경매 목적별 투자비용 공식 |

분류		투자비용 공식(1년 기준)
적극적 재테크	내 집 마련	입찰 보증금(최저 입찰가×10%) +잔금(입찰가-입찰 보증금=자기자본+대출) +등기비용 및 취등록세 +명도 또는 이사 비용+수리비 +낙찰 기준 관리비×12개월+월이자×12개월
	임대	입찰 보증금(최저 입찰가×10%) +잔금(입찰가-입찰 보증금=자기자본+대출) +등기비용 및 취등록세 +명도 또는 이사 비용+수리비 +월이자×12개월-낙찰 기준 보증금 -낙찰 기준 월세의 90%×12개월
	매매	입찰 보증금(최저 입찰가×10%) +잔금(입찰가-입찰 보증금=자기자본+대출) +등기비용 및 취등록세 +명도 또는 이사 비용+수리비 +매매 시점까지의 대출 이자+양도소득세
	창업	입찰 보증금(최저 입찰가×10%) +잔금(입찰가-입찰 보증금=자기자본+대출) +등기비용 및 취등록세 +명도 또는 이사 비용+수리비 +낙찰 기준 관리비×12개월 +월이자×12개월+창업비용
방어적 재테크		-

분화되어 있다.

- **명도비용:** 명도비용은 따로 정해진 것이 없다. 보통은 기존

섬유자가 이사비를 요구하는 경우가 있는데, 개인석인 경험에 빗대어 보건대 실제 발생하는 이사비 수준에서 협의되는 경우가 많다. (빌라, 아파트, 상가 등 물건 종류에 따라 다소 차이는 있을 수 있다.) 만약 강제집행을 진행하게 되면 나름의 비용이 발생한다. 당연한 말이지만 강제집행을 하는 것보다는 적절한 협상을 하는 것이 유리하다. 그리고 협상을 하더라도 우리가 지불해야 하는 이사비 명목의 위로금은 강제집행에 들어가면 내야 할 비용 내에서 해결한다.

- **낙찰 기준 보증금:** 감정가보다 싸게 낙찰 받았기 때문에 시세 기준이 아닌 낙찰가 기준 보증금을 적용해 시세보다 저렴하게 임대 보증금을 받을 수 있다.

- **낙찰 기준 월세:** 마찬가지로 감정가보다 싸게 낙찰 받았기 때문에 시세보다 저렴하게 임대를 놓을 수 있다. 시세보다 10% 정도 싸게 임대를 놓아도 주변 시세에 비해 매우 저렴한 편이다. 나 또한 낙찰가 기준 90%의 임대료로 임대차 계약을 빠르게 마쳐 기회비용과 이자 또는 관리비 등의 비용을 아끼고 있다.

- **수리비:** 대부분의 낙찰 물건은 규모가 크든 작든 어느 정도는 수리가 필요하다. 단순히 청소를 하고 군데군데 보수하

는 정도로 끝나는 경우도 있지만, 제법 큰 인테리어 공사를 하게 되는 경우도 있다. 따라서 정확한 비용을 예상하기 매우 까다로운 편이다. 수리비를 줄이는 요령은 도배, 장판, 목공, 타일 등 기본적으로 수리해야 할 항목들을 개별적으로 진행하지 않고 총괄하는 업체를 찾아 한 번에 의뢰하는 것이다. 만약 크게 수리할 부분이 없다면 본인이 할 수 있는 것은 직접 진행하면 비용 절감에 큰 도움이 된다. 예를 들어 청소를 비롯해 조명 교체, 도어락 교체, 인테리어 소품 비치 등은 충분히 직접 해낼 수 있다. 그러면 큰돈 들이지 않고도 건물 컨디션이 훨씬 좋아 보인다. 이는 결과적으로 빠른 임대 및 매매 계약 체결에 큰 도움이 된다.

여기까지는 어떤 목적으로 부동산 경매 투자를 하든 간에 거의 필연적으로 발생하는 요인들이다. 특히 주목해야 할 것이 취등록세 등 각종 세금이다. 앞서 간단히 설명했지만 낙찰 물건의 성질에 따라 취등록세, 지방교육세, 농어촌특별세의 세율이 다르다. 경매 투자자라면 다음 표에서 '매매·경매·공매 등(유상취득)' 부분을 숙지하도록 하자. 여기서 소개한 것 외의 비용 발생 요인들은 목적별로 따로 살펴보도록 하겠다.

| 부동산 취등록세 세율표 |

취득 원인	구분			취등록세	지방 교육세	농어촌 특별세	합계 세율
매매· 경매· 공매 등 (유상 취득)	주택	6억 원 이하	85m² 이하	1%	0.1%	비과세	1.1%
			85m² 초과			0.2%	1.3%
		6억 원 초과~ 9억 원 이하	85m² 이하	1~3%	0.1~ 0.3%	비과세	1.1~ 3.3%
			85m² 초과			0.2%	1.3~ 3.5%
		9억 원 초과	85m² 이하	3%	0.3%	비과세	3.3%
			85m² 초과			0.2%	3.5%
	농지·주택 외 상가, 오피스, 토지 등			4%	0.4%	0.2%	4.6%
	농지(전, 답, 과수 원, 목장 용지 등)	매매 취득(신규)		3%	0.2%	0.2%	3.4%
		2년 이상 자격		1.5%	0.1%	비과세	1.6%
상속	농지(전, 답, 과수 원, 목장 용지 등)	일반		2.3%	0.06%	0.2%	2.56%
		2년 이상 자격		0.3%	0.06%	비과세	0.36%
	농지 외			2.8%	0.16%	0.2%	3.16%
	1가구 1주택			0.8%	0.16%	비과세	0.96%
무상 취득 (증여)	일반			3.5%	0.3%	0.2%	4%
	전용면적 85m² 이하 주택			3.5%	0.3%	비과세	3.8%

원시						
취득	주택	85m² 이하	2.8%	0.16%	비과세	2.96%
(신축,		85m² 초과	2.8%	0.16%	0.2%	3.16%
증축)						
보존		주택 외 건축물	2.8%	0.16%	0.2%	3.16%

경매 목적별
필요한 비용

•

1) 내 집 마련

내 집 마련을 위해 부동산 경매 투자를 하는 경우는 실제로
는 많지 않지만, 그렇다고 해서 아주 드문 편도 아니다. 주거
목적으로 부동산 경매 투자를 할 때는 특히 관리비를 눈여겨
봐야 한다. 낙찰 물건을 이리저리 잘 따져보는 투자자라도
정작 관리비는 놓치기 쉽다. 관리비는 낙찰 이후에 바뀔 가
능성이 거의 없으므로 입찰 전에 제대로 확인해두면 걱정할
필요가 없다. 따라서 두세 번 확인해보길 바란다. 아울러 잔
금을 마련할 때 대출의 도움을 받았다면 대출 이자 또한 반
드시 살펴봐야 한다.

2) 임대

임대 목적으로 부동산 경매 투자를 한다면, 내 집을 마련할 때보다 두 가지를 더 고려해야 한다. 바로 보증금과 월세 소득이다. 즉 성공적인 투자를 위해서는 낙찰 이후의 임대 조건(보증금과 월세)을 미리 생각해둬야 한다. 한 가지 더 조언하자면, 낙찰 물건에 따라 임대 조건을 그대로 유지해도 되지만, 임차인을 빨리 구하려면 약간 하향 조정하는 것도 감수해야 한다. 내가 자주 쓰는 방법 중 하나는 보증금은 유지하되, 월세는 기존 조건 대비 10% 낮추고 임대 기간을 1년으로 설정하는 것이다. 이렇게 하면 1년 뒤에 월세를 다시 조정할 수 있기 때문이다. 무엇보다 임차인을 빠르게 구해 월세 소득으로 대출 이자를 충당할 수 있다.

즉 부동산 경매 투자에 있어 대출 이자로 인한 손해가 최대한 발생하지 않도록 노력해야 한다. 임대 목적으로 경매에 임한다면 월세 소득의 흐름을 시뮬레이션해볼 필요가 있다. 마지막으로 관리비에 대해 설명하자면, 관리비는 내 집 마련보다 임대 목적일 때 더욱 중요해 보인다. 임차인의 임대차 계약 결정에 은근히 영향을 미치기 때문이다.

3) 매매

낙찰 받은 부동산을 단기간에 매매해 시세차익을 얻으려는 사람도 있을 것이다. 다시 말해 사업소득을 창출하는 경매 투자를 원한다면 당연히 양도소득세법을 주시해야 한다. 사실 매매 목적의 경매 투자는 초단기 매매가 아닌 이상, 임대소득을 창출하는 방향으로 이어지기 마련이다. 쉽게 말해 한 번 물건을 낙찰 받고 상당한 기간 동안 임대소득을 받다가 어느 정도 부동산의 가치가 오르면 그때 가서 매도를 진행하는 것이다. 이럴 경우 당연히 투자자가 지불해야 할 대출 이자와 낙찰 물건에서 들어오는 임대소득의 균형이 맞는지 시뮬레이션해볼 필요가 있다.

드물게 낙찰 이후 몇 개월 지나지 않아 바로 매도에 들어가는 경우도 있다. 이러한 초단기 매매가 가능하려면 예상치 못한 호재가 생겨 낙찰한 물건의 가치가 급등해야 한다. 이런 변수를 사전에 고려하는 것은 사실상 불가능에 가깝다. 하지만 낙찰 물건을 수리하고 인테리어에 공을 들여 가치를 최대한 끌어올린다면 낙찰 이후 오랜 시간이 지나지 않아도 매도해 사업소득을 낼 수 있다. 물론 이렇게까지 대대적인 인테리어가 아닌 도배 및 장판 교체, 부분 인테리어

등 간단한 수리만으로도 물건의 하자를 개선하고 정상화할 수 있다. 따라서 물건의 가치가 확실히 상승해 매도에 큰 도움이 된다.

4) 사업 기반 마련

사업 기반을 마련한다는 것은 쉽게 말해 경매를 통해 부동산을 시세에 비해 저렴하게 매수하고, 해당 부동산을 카페, 레스토랑, 개인 오피스 등 다양한 창업 목적으로 활용한다는 것이다. 즉 직접적인 임대소득이나 사업소득이 발생하진 않는다. 창업 준비 목적으로 부동산 경매에 접근한다면 무엇보다 중요한 것은 저렴한 가격과 사업 계획이다. 시세에 비해 얼마나 저렴하게 매수할 수 있느냐, 또한 낙찰 받은 물건으로 어떤 사업을 해볼 수 있느냐를 구상하는 것이 관건이다.

경매 투자에 실패하는
가장 큰 이유

•

지금까지 부동산 경매의 큰 그림을 들여다보면서, 각 목적에 맞게 투자 가능성과 수익성을 따져볼 수 있는 대략적인 공식을 살펴보았다. 이렇게 세세하게 이론과 같이 정리해둔 까닭은 사람들이 되도록 실패를 겪지 않았으면 하는 마음 때문이다. 특히 초보자의 경우 본격적인 부동산 경매에 앞서 이 내용을 토대로 꼼꼼하게 준비했으면 하는 바람이다.

그러나 백문이 불여일견이라는 말이 있듯, 가장 빠르게 부동산 경매를 배우는 길은 직접 해보는 것이다. 부동산 경매를 딱 한 번이라도 직접 진행해보면 지금껏 읽은 내용이 마치 살아 숨 쉬듯 머릿속에 더욱 생생하게 흡수될 것이다.

그럼에도 부동산 경매에 실패하는 사람들이 나오기 마련이다. 사람들이 부동산 경매에 실패하는 가장 큰 이유는 무엇일까? 그 어렵다는 권리 분석일까? 운이 없어 악독한 점유자를 만났고, 그 사람을 내보내는 과정에서 스트레스에 시달린 탓일까?

처음으로 돌아가보자. 부동산 경매 투자의 대전제는 '일반 매매가 = 경매가 + X'라는 공식이다. 이 공식에 부동산 경매 투자에 실패하는 가장 큰 이유가 숨어 있다.

부동산 경매 투자에서 실패를 부르는 가장 큰 요인은 바로 '시세 파악 실패'다. 즉, '일반 매매가 = 경매가 + 번거로움'

의 공식에서 '일반 매매가'를 잘못 산정하면 실패하게 된다. 여기서 반드시 짚고 넘어가야 할 것이 있다! 공식 속 일반 매매가는 감정가를 의미하지 않는다. 부동산 경매 투자자들은 경매 물건을 볼 때 크게 세 가지 가격을 살핀다. 바로 일반 매매가, 감정가, 경매가다.

일반 매매가 > 감정가 > 경매가

경매가는 단순하다. 우리가 경매 물건을 검색할 때 대법원 사이트 등에서 확인할 수 있는 최저 입찰가가 경매가다. 경매가 안에 감정가라는 항목이 있는데, 감정가는 감정평가사들이 해당 물건에 대해 감정해놓은 가격을 의미한다. 보통은 이 감정가의 60~80% 수준으로 경매가가 결정된다.

문제는 이 감정가가 일반 시세, 즉 일반 매매가가 되지 않는다는 점이다. 일반 매매가는 말 그대로 시장에서 형성되기 때문에, 그 누구도 정확하게 파악할 수 없다. 심지어 빅데이터, AI를 동원해도 정답을 알기 어렵다. 이 일반 매매가를 잘못 파악하면 애초에 기준점이 잘못 설정된 셈이기 때문에 그 투자는 무너져버리고 만다.

그 누구도 시세를 100% 정확하게 말할 순 없다. 그래도 부동산 경매 투자에 있어서 최대한 정확한 시세 파악은 그 무엇보다 중요하다. 이 사실을 반드시 기억하고 투자를 결정하기에 앞서 꼭 확인하기 바란다.

부동산 경매에
필요한 마인드셋

이어지는 2장에서는 성공적인 투자를 위한 부동산 경매 방법을 다룰 것이다. 그보다 앞서 여기에서는 부동산 경매 투자자가 반드시 갖춰야 할 태도와 자세를 짚고 넘어가도록 하자. 다음 내용은 초보자는 물론이고 중수, 고수 모두에게 공히 필요한 내용이다. 부동산 경매로 성공하고 싶다면, 성공을 오래오래 이어나가고 싶다면 결코 잊어서는 안 된다.

객관성

•

부동산 경매의 가장 큰 목적은 투자다. 그렇다면 잠깐 투자 관점으로 생각해보자. 투자를 할 때 가장 유의해야 할 것이 무엇일까? 성공한 투자자마다 관점이 다르겠지만, 개인적으로는 '객관성'을 유지하는 것만큼 중요한 것은 없다고 믿는다. 투자를 할 때 우리는 무심코 긍정적인 면에만 집중하게 된다. 자기도 모르게 장밋빛 미래를 그리고 희망에 부풀어 혹시 모를 최악의 상황을 떠올리려 하지 않는 것이다.

그러나 성공적인 투자를 위해서는 객관적인 시각을 유지해야 한다. 자신의 판단에 확신을 갖는 것은 중요하지만, 확신이 고집이 되고 더 나아가 아집이 되면 절대 안 된다. 다른 사람의 의견에 휘둘려 '묻지마 투자'를 하는 것만큼 우매한 일도 없지만, 다른 사람의 말에 귀를 닫아버리는 것 역시 별반 다르지 않은 어리석은 행동이다.

늘 자신의 판단에 대한 객관적 근거를 정리해보고, 자료와 정보를 최대한 수집해야 한다. 또한 주변 사람들과 의견을 나누는 것을 습관화하면 좋다. 그래야 확신이 아집이 되는 길을 피할 수 있다.

예의

•

부동산 경매는 '사람'이 하는 일이다. 주식 투자 같은 경우에는 실제로 사람을 대면할 일이 거의 없다. 어차피 PC나 스마트폰 등을 통해 온라인상에서 거래가 이루어지고, 막상 주식을 매수하더라도 주주총회에 참석해서 다른 주주들 또는 주식회사의 경영진을 만나볼 일이 많지 않다.

그러나 부동산 경매 투자가 진행되는 과정에서는 수많은 이해관계자와 직접 대면하고 소통해야 한다. 앞서 언급한 대로 현장 조사를 나가 입찰 물건 주변의 이웃들을 만나서 이야기를 들어야 하고, 해당 상권의 공인중개사들 여럿하고도 대화를 나눠야 한다. 사실 여기까지는 단순히 자료를 수집하는 과정이라 그나마 낫다. 낙찰에 성공했을 경우에는 낙찰 물건을 점유하고 있는 사람을 만나 마냥 편하지만은 않은 이야기를 나눠야 한다.

이럴 때 가장 중요한 것은 예의다. 즉 예의를 갖춰 사람을 대해야 한다. 수많은 경매 투자자마다 자신만의 소통 스타일이 있을 것이다. 누구는 최대한 감정을 배제하고 사무적으로 일을 처리하는 것이 점유자를 빨리 내보내는 방법이라 말한다. 그 말이 맞을 수도 있다. 그러나 나는 그러고 싶지 않다. 그곳에서 거주하고 있었든, 사업을 벌이고 있었든 오랫동안 머물던 터전에서 나가라는 말을 어떻게 쉽게 할 수 있을까. 항상 상대방의 입장을 헤아리고 예의를 갖춰 대한다면, 결국 자신에게 복으로 돌아올 것이다.

긍정적인 태도

●

마지막으로, 긍정적인 태도가 필요하다. 너무 뻔한 이야기 같은가? 내가 말하려는 것은 막연히 낙관적으로 생각하라는 뜻이 아니다. 부동산 경매는 생각하기에 따라 쉽다면 쉽고, 까다롭다면 까다로운 투자 방법이다. 예상치 못한 문제가 발생할 수도 있기 때문이다. (사실 부동산 경매뿐 아니라 웬만한 투자, 아니 삶의 거의 모든 측면에서 예상치 못한 일이 발생하지 않을까 싶다.) 그럴 때 쉽게 포기하려 하지 말고 긍정적인 마음으로 어떻게든 한번 더 도전해보려는 자세가 필요하다.

이와 함께 실전적인 자세를 갖춰야 한다. 우리는 경매 투자자가 되기 위해 공부하는 것이지, 경매법 내지는 경매 이

론의 전문가가 되기 위해 공부하는 것이 아니다. 모든 걸 '마스터'하고 도전하겠다고 생각한다면 그땐 이미 늦는다. 기본기를 다졌다면 너무 겁먹지 말고 한번 도전해보기 바란다. '백문이 불여일견이고 백견이 불여일행'이라는 말이 있다. 공부만 하다가 나중에 여윳돈이 생기면 도전해보겠다며 미뤄두지 말고 지금 당장 실전 투자를 해보길 강력하게 권한다.

같은 맥락에서 최소 자본금에 대해 덧붙이고 싶은 이야기가 있다. 경매 투자에 관심 있는 일반인, 실제로 투자하고 있는 초보 내지는 중수 투자자들은 물론 일부 고수 투자자들까지도 경매 투자를 하거나 부동산을 사려면 막대한 자본이 있어야 한다는 고정관념을 갖고 있는 경우가 있다. 그렇지 않다는 점을 확실히 짚고 넘어가고 싶다.

물론 사람마다 기대하는 투자 성공의 기준과 규모가 달라 일반화하기는 어렵다. 하지만 오랜 시간 경매 현장을 뛰고, 또 일선에서 많은 수강생을 코칭한 경험을 토대로 생각해보면 1,000만 원 정도의 자본금만 있어도 충분히 도전할 수 있다. 물론 본인의 신용이 탄탄하고 소득 증빙을 잘 해내야 하지만, 1,000만 원 정도로도 건물주가 되어 월세를 받고 사업 기반을 마련할 수 있는 길이 분명 존재한다.

당장 여윳돈이 없으니 언젠가 자금을 마련해 도전하겠다고 생각하면 그 '언젠가'는 결코 찾아오지 않는다. 그러니 지금 당장 도전하자.

이 장에서는 부동산 경매 투자의 진행 단계별로 알아야 할 내용과 준비물을 꼼꼼히 살펴보자. 얼핏 진행 과정만 보면 일반 부동산 투자보다 복잡해 보일 수도 있지만, 몇 번만 시도해보면 금방 익숙해질 것이다. 특히 초보자들이 두려워하는 권리 분석도 어렵게 공부할 필요 없이 이 책에서 다루는 내용 정도만 파악해도 충분하다. 지레 겁먹지 말고 일단 부딪혀보길 바란다.

Chapter 3.

*

무조건 성공하는
부동산 경매 따라 하기

Step 1-1.
물건 검색부터 꼼꼼하게

자, 이제 본격적으로 부동산 경매 투자에 도전해보자. 순서
는 앞서 소개한 부동산 경매 투자의 기본 5단계와 같다. 그
중 Step 1인 '물건 검색 및 권리 분석·상업성 분석'을 셋으로
나눠 먼저 살펴보도록 하겠다.

물건 검색과 그 물건에 대한 분석을 하나의 단계로 묶어
서 설명하는 이유가 있다. 이 단계는 현장에 방문하지 않고
집에서 온라인으로 할 수 있는 작업이다. 비단 부동산 경매
투자뿐만 아니라 모든 투자에 있어서 시간은 금이다. 현장

조사를 나가는 것 자체가 시간이라는 귀한 자원을 쓰는 것임을 절대 잊어서는 안 된다. 따라서 현장 조사를 나가기 전, 집에서 온라인을 통해 물건에 대해 알아볼 수 있는 것은 모두 따져봐야 한다.

경매 사이트에서
물건 검색하는 법

●

부동산 경매에 어떤 물건이 나와 있는지 찾아보는 물건 검색을 해보자. 앞서 언급한 대로 크게 세 곳에서 경매 물건을 검색해볼 수 있다. 대한민국 법원 법원경매정보(이하 '법원경매정보') 사이트와 각종 유료 및 무료 사이트다. 이 또한 앞서 살짝 이야기했지만, 결론부터 말하자면 초보 투자자에게는 무료 사이트를 추천하고 싶다. 몇 가지 이유가 있다.

우선 대부분의 무료 사이트는 법원경매정보 사이트의 데이터베이스를 이용해 구축되었다. 즉 법원경매정보 사이트에서 열람할 수 있는 자료와 무료 사이트에 공지된 자료는 대부분 같다. 게다가 무료 사이트는 각자 자신만의 방식으로 사용자 편의를 위해 홈페이지 구성, UX/UI 등에 신경을 쓰고 있다. 따라서 자신이 이용하기에 큰 불편함이 없는 무료 사이트를 찾아 물건을 검색하는 과정 자체에 익숙해지는 것이 먼저다.

처음부터 유료 사이트를 권하는 사람도 없진 않다. 유료 사이트는 아무래도 법원경매정보에서 제공하는 정보 외에 다양한 정보를 추가로 제공하고 있기 때문이다. 따라서 법원경매정보 사이트와 정보량에 큰 차이가 없는 무료 사이트보다 장점이 있다. 하지만 내 생각에는 처음부터 큰 비용을 지불하며 유료 사이트를 이용할 필요는 없어 보인다. 우선 무료 사이트를 통해 경매 물건 검색 프로세스에 익숙해지고 나서 유료 사이트를 이용해보는 것을 추천한다. 물론 비용에 대한 부담이 없다면 처음부터 유료 사이트를 이용해도 문제없다. 즉 다시 한번 말하지만 초보일 때는 무료 사이트로도 충분하다.

참고로 유료 사이트를 이용하고자 한다면, 경매 투자정보업계에서 1, 2위를 다투는 지지옥션 또는 옥션원 중 하나를 선택하면 된다. 둘 중 사이트 이용 화면이 본인에게 더 편하게 느껴지는 것을 고르도록 하자. 지지옥션은 가장 오래

된 유료 정보 사이트인 만큼 매우 오래된 자료까지 보유하고 있다.

유료 사이트를 이용할 때 주의할 것이 하나 있다. 유료 사이트에 올라오는 정보가 틀릴 일은 거의 없지만, 만에 하나 어떤 문제가 발생한다면 그것은 투자자 본인의 책임이라는 사실이다. 다시 말해 돈을 내고 이용한다는 이유로 유료 사이트의 정보를 무턱대고 믿어서는 안 된다.

부동산 경매 투자 관련 사이트

- 대한민국 법원 법원경매정보(courtauction.go.kr)
- 로드옥션(www.lordauction.com)
- 옥션원(www.auction1.co.kr)
- 호갱노노(hogangnono.com)
- 밸류맵(valueupmap.com)
- KB부동산(kbland.kr)
- 국토교통부 실거래가 공개시스템(rt.molit.go.kr)
- 상권정보(sg.sbiz.or.kr)
- 디스코(disco.re)

그러므로 유료 사이트를 이용할 때는 반드시 법원경매정보 사이트와 크로스 체크를 하는 습관을 들여야 한다. 앞서 무료 사이트 이용을 습관화하라는 조언의 근거 중 하나가 바로 이것이다. 무료 사이트는 법원경매정보를 그대로 가져다 쓰기 때문에 만약에 일어날 수 있는 오류를 막을 수 있다. 따라서 유료 사이트는 물론이고, 무료 사이트까지 교차 검증하는 습관을 꼭 들이길 바란다. 정말 중요한 내용이다. 절대 가볍게 생각하지 말자.

가깝고 익숙한 지역부터

·

경매 투자를 할 물건을 찾기 위해서는 기본적으로 자신과 심리적이든 물리적이든 가장 가깝고 익숙한 지역의 물건을 먼저 검색하는 것이 좋다. 즉 현재 살고 있거나 오래 살았던 곳 또는 근무하는 지역 등 친숙한 곳의 물건을 먼저 검색해야 한다.

친숙한 지역의 물건을 첫 번째로 검색해야 하는 이유는

알게 모르게 해당 지역의 정보를 웬만큼 확보하고 있기 때문이다. 당장 자신이 거주하고 있는 지역을 떠올려보라. '이 지역에 이런 업체가 들어오면 잘 될 텐데, 이 지역에는 왜 이런 가게가 없을까?'와 같은 생각이 들 것이다. 또는 다른 사람들이 모르는 이 지역의 장단점을 알고 있을 수도 있다. 모두 부동산 경매 투자에 귀중한 정보가 된다.

이 이야기를 다른 관점에서 풀어보자면 평상시에 부동산 경매 투자자의 관점에서 주변 환경을 바라봐야 한다는 의미다. 그렇게 예의 주시하며 주변 환경을 관찰하다가 마음에 드는 물건을 발견한다면, 경매 정보 사이트에서 주소를 한번 검색해보자. 실제로 그 물건이 경매로 나와 있는 경우가 종종 있다.

사이트에 접속해서 처음 물건을 검색해보면 적게는 수십 개에서 많게는 수백 개에 이르는 물건이 뜰 것이다. 이때 중요한 것은 기준을 정하지 않는 것이다. 즉 가격이 저렴한 물건부터 보거나 자신만의 특정한 기준으로 선별해 살펴봐선 안 된다. 그냥 목록의 맨 위에서부터 하나하나 물건을 꼼꼼히 따져보길 권한다. 처음에는 당연히 시간이 매우 오래 걸릴 것이다.

그러나 수많은 물건을 빠르게 살펴보고 현장 조사를 나갈 만한 물건을 추려내는 것부터가 실력이다. 이 실력을 쌓는 데는 왕도가 없다. 시간만이 답이다. 부동산 경매 투자자가 되기로 마음먹었다면 하루에 30분이든 1시간이든 일정한 시간을 내어 물건을 최소 5~10개씩 공부할 수 있어야 한다. 익숙한 지역을 검색해보고, 검색 결과로 나온 목록을 위에서 부터 하루에 5~10개씩 살펴보도록 하자.

여기서 '물건을 본다'는 말은 크게 세 가지 의미를 갖고 있다. 기본 정보 체크, 권리 분석 그리고 상업성 분석이다. 이에 대해 좀 더 풀어보겠다.

경매 물건을 볼 때
확인해야 할 것들
●

먼저 물건의 기본 정보를 체크해야 한다. 체크 항목은 대표적으로 최저 입찰가, 감정가, 유찰횟수, 경매일, 사건정보 등이다. 많은 초보 투자자가 물건을 검색할 때 저렴한 가격의 물건을 주로 보려 한다. 물론 초보가 아니더라도 대부분의 사람들이 싼 물건에 더 집중하기 마련이다. '싸다'는 기준이 모호하긴 하지만 감정가 대비 20% 수준의 가격이라면, 그중 괜찮은 물건은 드물다. 속단할 수는 없지만 이렇게 유난히 싼 물건은 권리 분석을 해보면 하자가 드러나는 경우가 많다. 그렇기 때문에 싼 물건만 보지 말고 목록에 있는 것들을 모두 꼼꼼히 체크해보길 바란다. 설령 현재 자본이 부족해 그림의 떡같이 느껴지더라도 규모가 있는 물건을 봐둬야 더 동기부여가 되는 법이니까 말이다.

감정가를 볼 때도 유의해야 할 점이 있다. 정말 중요한 포인트다. 바로 감정가가 도출된 시점, 즉 감정평가 시점을 반드시 확인해야 한다. 그리고 현재 시점과 비교해서 생각해볼 수 있어야 한다. 감정평가가 부동산 가격이 상승세 또는 하락세 중 어떤 흐름을 탈 때 나왔는지 살펴보고, 그 당시 전반적인 시세도 체크해봐야 한다.

중요한 것은 부동산의 현재 가격뿐만 아니라 미래 가치까지 입체적으로 이해해야 한다는 것이다. 감정평가가 나온 시점부터 현재까지 가격이 얼마나 변했는지, 그리고 감정평가 역시 개인의 주관이 반영되는 만큼 감정평가가 이루어질 당시 부동산 시장에 대한 인식도 종합적으로 판단할 수 있어야 한다. 여기서 부동산 시장에 대한 인식이란 낙관적이었느냐, 비관적이었느냐는 것이다.

앞서 1장에서 낙찰가, 낙찰가율 등의 개념에 대해 설명하며 인터넷 포털 사이트에서 관련 뉴스 등을 검색해보며 부동산 전망 기사를 능동적으로 이해해보는 연습을 하길 권했다. 이런 연습이 누적되면 감정가에 대한 입체적인 분석에 큰 도움이 된다.

마지막으로 사건번호도 초보 투자자 입장에서는 의미 있는 지표가 될 수 있다. 보통 사건정보는 2023타경ABCD처럼 연도와 타경 그리고 일련번호로 구성된다. 이 중 특히 주목해야 할 것이 바로 연도다. 해당 물건이 경매로 나오게 된 시점을 알려주기 때문이다. 사건번호 속 연도가 꽤 오래전인데 경매 물건으로 검색된다면 당연히 아직 낙찰되지 않았다는 뜻이다. 경매로 나온 물건이 꽤 오래 낙찰되지 않고 있다는 것은 어떤 의미일까? 일반화할 수는 없지만 여러모로 하자가 있어 낙찰 받기엔 까다로웠을 수도 있다.

쉽게 정리하자면 특히 조심해야 할 물건은 다음 두 가지를 포함한다. 경매에 나온 지 오래되었고, 유난히 가격이 낮게 설정되어 있다. 이 경우 여러모로 도전하기 어려운 물건이라고 판단할 수 있다. 아직 실력을 쌓고 있는 단계라면 이런 물건은 공부하는 용도로만 접근하고 실제 투자는 하지 않는 편이 좋다.

감정가의 90~100% 가격의 물건

•

한 가지 조언이 더 있다. 실력을 웬만큼 쌓으면 감정가 대비 90~100% 가격인 물건을 먼저 체크해보자. 초보자 입장에서는 다소 이해하기 어려운 조언일 것이다. 경매의 장점은 시세 대비 싸게 사는 것인데, 감정가와 거의 같은 가격으로 사는 것은 이득이 별로 없다고 생각할 수 있다. 그러나 감정가 대비 90~100% 가격을 가진 물건의 장점은 경쟁자가 거의 없다는 것이다. 즉 단독입찰할 가능성이 크다. 반면 가격이 낮은 물건은 경쟁자가 굉장히 많다.

경쟁자가 많다는 건 입찰 현장에서 분위기에 휩쓸려 자신의 원래 계획보다 높은 가격을 쓸 수도 있다는 의미다. 예를 들어 감정가 대비 70% 가격의 물건과 50% 가격의 물건 중

단독입찰할 가능성이 큰 쪽은 전자일 것이다. 바꿔 말해 비교적 높은 가격의 단독입찰이 수많은 경쟁자와 싸우는 것보다 낙찰이나 성공 등 모든 측면에서 유리할 수도 있다. 물론 감정가 대비 90~100% 가격으로 낙찰 받을 계획이라면 향후 투자 수익 측면에서 훨씬 더 꼼꼼한 준비가 필요하다. 근본적으로 조금 비싸게 사더라도 그 이상으로 수익을 낼 자신이 있을 때만 실행할 수 있는 전략이기 때문이다.

Step 1-2.
생각보다 어렵지 않은 권리 분석

물건의 기본 정보를 체크했다면, 이제는 법적 권리를 분석해야 할 시간이다. 권리 분석을 한다는 것은 한마디로 낙찰 이후 '내가 물어내야 할 돈이 있는지 확인'한다는 의미다. 앞서 말한 대로 부동산 경매 시장에 나오는 물건은 대부분 권리 분석상 큰 하자가 없다. 즉 낙찰 이후에 낙찰자가 돈을 물어낼 필요가 없다는 뜻이다.

참고로 기존에 법을 공부한 사람이 아니라면 권리 분석을 처음 공부하기 시작했을 때 낯선 용어가 수도 없이 튀어나오는 상황을 맞닥뜨리게 될 것이다. 전혀 압도될 이유가 없다. 모르는 단어가 있다면 그때그때 인터넷에 검색해보면 된다. 자신감을 갖고 시작하자. 이 책에서는 다른 책들과 다르게 경매 관련 용어 정리집을 일부러 제공하지 않는다. 용어가 중요하지 않다는 의미가 아니다. 용어를 이해하는 것은 대단히 중요하다. 하지만 그보다 중요한 것은 모르는 용어라도 바로 찾아보며 습득하는 것을 습관화하는 과정이다. 만약 실전 투자에 나서기 전에 경매 용어를 모두 통달하겠다는 사람이 있다면, 그건 '경매학'을 공부하겠다는 소리나 마찬가지라고 보면 된다.

권리 분석 전에
기본 개념부터 알고 가자

•

권리 분석 공부를 시작하면서 가장 먼저 익숙해져야 하는 단어는 바로 '인수'다. 인수란 쉽게 말해 '책임져야 하는 것'이라고 생각하면 된다. 경매에 나온 어떤 물건에 입찰하고 성공해 낙찰 받았을 때, 낙찰 물건에 딸려오는 각종 법적 책임을 넘겨받는 것이 인수다. 여기서 법적 책임이란 물어내야 할 돈이나 해당 물건에 우선적으로 법적 권리를 행사할 수 있는 타인의 존재를 인정하는 것 등이 포함된다.

우리가 권리 분석을 공부해야 하는 이유는 두 가지다. 첫째로는 이런 법적 책임이 복잡하게 얽히고설켜 있는 물건을 골라내어 입찰하지 않기 위함이고, 둘째로는 설령 입찰하더라도 그 법적 책임이 얼마나 무거우며 자신이 감당할 수 있는 수준인지를 정확히 파악하기 위함이다.

시중에는 권리 분석만 전문적으로 다루는 경매 관련 도서가 여럿 출판되었을 정도로 권리 분석에서 다루는 요소는 무척 깊은 편이다. 깊게 파고들며 공부하기 시작하면 정말 끝이 없다고 해도 과언이 아니다. 다만 앞서 말한 대로 우리는 경매학을 공부하는 것이 아님을 명심하자. 반드시 확인해야 할 부분과 실용적인 부분을 먼저 배우고 나서, 나머지는 투자 실력을 차차 쌓아가는 중에 병행하며 공부하면 된다. 가장 먼저 알아야 할 개념은 바로 '말소기준'이다.

다음 등기부현황 예시 자료를 살펴보자. 2(을1)의 비고에 '말소기준등기'라고 표기되어 있다. 농협은행이 설정한 근저당권이 바로 말소의 기준이 되는 권리다. 이것이 의미하는 바

| 등기부현황 예시 |

• 등기부현황 (채권액합계 : 243,523,441원)

No	접수	권리종류	권리자	채권금액	비고
1(갑5)	2018.07.05	공유자전원지분전부이전			매매
2(을1)	2018.07.05	근저당	농협은행	219,600,000원	말소기준등기
3(갑6)	2019.03.15	가압류		23,923,441원	2019카단694
4(갑7)	2019.07.22	임의경매	농협은행	청구금액: 186,506,110원	2019타경22212
5(갑8)	2020.08.13	압류	서구(인천광역시)		
6(갑9)	2021.12.13	압류	국민건강보험공단		

는 다음과 같다. 이 근저당권이 설정된 날짜는 2018년 7월 5일이다. 이 날짜보다 하루라도 앞선 시점에 생성된 권리가 있다면 어떨까? 가령 2018년 7월 3일에 계약한 임차인이 있다면, 그 임차인과 관련한 권리는 인수 대상이 된다.

다시 한번 살펴보자. 이 예시에 따르면 해당 물건에 대해 농협은행은 2018년 7월 5일에 2억 1,960만 원에 해당하는 근저당권을 설정했다. 이때 (해당 등기부현황에는 표기되어 있지 않지만) 어떤 임차인이 2018년 7월 2일에 보증금 5,000만 원을 입금하면서 임대차 계약을 했다고 가정해보자. 그렇다면 그 임차인의 권리는 말소기준등기가 되는 근저당권 설정 기일에 앞서 생성되었기 때문에, 이 물건을 경매로 낙찰 받는다면 해당 임차인의 권리까지 인수 받게 된다. 즉 보증금

5,000만 원을 반환해줘야 하는 의무가 생기는 것이다.

반면 2018년 7월 5일 이후 발생한 가압류, 임의경매, 압류 등의 사항은 모두 '소멸'된다. 다시 말해 낙찰자가 인수받지 않아도 되는 상황으로 낙찰 이후에 전혀 신경 쓰지 않아도 된다는 의미다. 핵심은 말소기준 이후에 생성된 권리는 몇십 개든 몇백 개든 모두 소멸된다는 사실이다.

말소기준이 되는 권리는 근저당권, 저당권, 압류, 가압류, 담보가등기, 경매개시결정등기 등 여섯 가지다. 다시 한번 강조하지만 이 여섯 가지 권리에 대해 굳이 학문적으로 깊게 파고들어 공부하는 것을 추천하지 않는다. 경매 투자에 뛰어들면 금세 알게 되겠지만, 실제로는 이 여섯 가지 권리를 모두 만날 기회는 없다. 경매 물건의 말소기준권리 종류는 근저당권과 가압류가 절대 다수다. 단언할 수는 없지만, 초보 경매 투자자가 도전해볼 만한 물건 중 말소기준등기로 만나게 되는 것은 거의 90%가 근저당권이다.

따라서 권리 분석의 첫걸음은 근저당권과 가압류에 대해 먼저 확실하게 개념을 잡고 가는 것이다. 이후 근저당권, 저당권, 압류, 가압류 등의 유무를 체크해 말소기준등기를 확인하는 순서로 진행된다.

말소기준등기
찾기 연습

●

한번 더 연습해보자. 다음 말소기준등기 예시 자료에서 말소기준등기를 찾아보자. 바로 2020년 2월 25일에 ㈜○○산업이 설정한 근저당권이 말소기준등기다. 다시 말해 그 아래에 있는 강제경매, 임의경매 등의 내용은 모조리 무시해버려도 된다. 여기서 특히 주목해야 할 것은 말소기준등기 이전, 즉 2020년 2월 25일 이전에 설정된 권리가 있냐는 것이다.

사진 자료 속 상단 '진입/확정/배당' 란에서 임차인의 전입일자를 확인해보자. 2019년 9월 27일로, 말소기준등기의

| 말소기준등기 예시 |

임차인	점유부분	전입/확정/배당	보증금/차임	대항력	배당예상금액	기타
박○○	주거용 전부	전입일자: 2019.09.27 확정일자: 2019.09.27 배당요구: 2020.08.31	보87,000,000원	있음	소액임차인 미배당보증금 매수인 인수	

임차인분석	※ 본건 현황조사차 현장에 임한 바, 폐문부재로 이해관계인을 만날 수 없어 상세한 점유 및 임대차관계는 알 수 없으나, 전입세대 열람결과 임차인이 점유하는 것으로 추정됨. ※ 본건 조사내용은 전입세대열람 및 주민등록표등본에 의한 조사사항임. (권리신고에 관한 안내문 부착함) ▶ ████████대항력 있음 ▶ 매수인에게 대항할 수 있는 임차인이며, 보증금이 전액 변제되지 아니하면 잔액을 매수인이 인수함

• 등기부현황   (채권액합계 : 70,000,000원)

No	접수	권리종류	권리자	채권금액	비고	소멸여부
1(갑4)	2019.12.16	소유권이전(매매)	권○○		거래가액:94,000,000	
2(을7)	2020.02.25	근저당	(주)████산업	70,000,000원	말소기준등기	소멸
3(갑5)	2020.08.19	강제경매	홍○○	청구금액: 11,647,397원	2020타경18530	소멸
4(갑6)	2020.09.11	임의경매	(주)████산업	청구금액: 70,000,000원	2020타경19069	소멸

날짜보다 훨씬 앞이다. 법적으로 이런 경우를 '선순위'라고 하며, 대항력이 있다고 표현하기도 한다. 즉 이 경우에는 임차인 박 모 씨가 대항력을 갖춘 사람이다. 다시 말해 이 물건을 낙찰 받는다면 등기부현황 내 3(갑5)의 강제경매 홍 모 씨의 권리에는 신경 쓰지 않아도 되지만, 임차인 박 모 씨에 대해서는 유의해야 한다. 보증금 8,700만 원을 낙찰 받은 사람이 반환해야 하기 때문이다.

여기까지 읽어보면 사람마다 다양한 생각이 들 것이다. 권리 분석이 예상보다 쉽다고 생각할 수도 있고, 또 다른 궁금증이 생길 수도 있다. 어쩌면 두 번째로 살펴본 말소기준등기 예시에서 보이는 '배당'이 무엇인지 의문이 들 수도 있다. 이어지는 내용에서 권리 분석을 더욱 구체적으로 파고들어갈 것이다. 다만 지금까지 설명한 말소기준등기의 개념을 정확히 이해하는 것이 최우선이다. 이 개념만 명확히 알아도 당장 부동산 경매 투자에 뛰어들어도 아무 지장이 없다.

권리 분석의 핵심,
매각물건명세서

•

권리 분석을 개념적으로 설명하면 크게 두 가지로 나눌 수 있다. 등기부 권리 분석과 임차인 권리 분석이다.

이 책을 읽고 있는 독자 중에는 '등기부'라는 개념이 비교적 익숙할 사람도 있을 테고, 등기부라는 말을 많이 들어보긴 했는데 살면서 어쩌다 몇 번 보기만 했을 뿐 잘 모르는 사람도 있을 것이다.

등기부는 '부동산이나 동산, 채권 등의 담보 따위에 관한 권리 관계를 적어두는 공적 장부'를 말한다. 하지만 통상적으로 등기부라고 하면 토지 등기부와 건물 등기부를 통틀어 이르는 '부동산 등기부'를 지칭할 때가 많다. 쉽게 말해 사람에게는 호적등본이 있듯 건물에게는 등기부가 있다. (첨언하자면 등기부등본이란 등기부를 복사한 문서를 말한다. 즉 같은 것이다.)

등기부에는 해당 부동산에 대한 모든 권리 관계가 기재되어 있다. 경매에 나온 물건은 각자 사연이 있다. 이 사연 중에는 상대적으로 단순한 것도 있고, 이해관계자가 복잡하게 얽혀 있는 경우도 있다. 부동산 경매 투자를 하기 위해서는 입찰하려는 물건의 등기부를 열람하고 어떤 사연이 있는지, 즉 어떤 권리 관계들이 엮여 있는지 살펴봐야 하는데 이것이 흔히 말하는 권리 분석이다.

임차인 권리 분석은 말 그대로 입찰하려는 물건을 기존에 임차한 사람이 있을 때에 해당 임차인의 보증금을 낙찰자가 떠안아야 하는지, 떠안아야 한다면 정확한 금액이 얼마인지를 살펴보는 것이다.

등기부 권리 분석과 임차인 권리 분석의 핵심은 바로 매각물건명세서다. '매각물건명세서'란 쉽게 말해 법원에서 경매에 나온 물건에 직접 사람을 보내 이모저모를 살펴보고, 이에 더해 관련 문서를 종합적으로 검토하고 나서 최종 의견을 정리한 문서다. 경매 물건과 관련한 현황, 특이사항, (임차인이 존재할 경우) 임차인과 관련한 내용을 비롯해 각종 법적 이슈를 모두 정리한 문서인 만큼 매우 중요하다.

매각물건명세서는 어떻게 보면 법원에서 친절하게 해당 경매 물건에 대한 우려사항 등을 정리해 미리 공지해주는 것과 마찬가지다. 따라서 공신력이 있는 문서이며, 매각물건명세서에 나와 있는 내용을 잘 따라가기만 하면 아무런 문제가 없다. 경매의 거래 대상이 누구인지 떠올려보자. 경매의 거래 대상은 대한민국 법원이다. 법원과의 거래이기 때문에 사기당할 위험이 없다는 의미가 바로 이 매각물건명세서에 담겨 있다.

참고로 매각물건명세서는 각 법원의 해당 경매계에서 매각기일 일주일 전에 열람대에 비치한다. 최근에는 매각물건명세서의 기재 내용을 경매입찰법정 웹사이트에서도 공시하고 있으니 한번 체크해보도록 하자. 참고로 웹사이트에서는 다음과 같이 매각물건명세서를 한눈에 볼 수 있다.

| 매각물건명세서 예시 |

매각물건명세서 상단에는 사건번호를 비롯해 사건정보가 기재되어 있으며, 그 밑에는 점유자 정보를 비롯해 기타 특이사항이 적혀 있다. 만약 매각물건명세서에 아무런 특이사항이 없다고 나와 있었지만, 입찰 이후 특이사항이 발생했다면 '매각 불허가 신청'을 할 수 있다. 경매 물건의 매각을 허가하지 않기 위한 신청이라는 말은 즉 경매를 취소할 수 있다는 의미다. 이때 당연히 보증금을 돌려받을 수 있다.

경매를 취소해 보증금을 돌려받을 수 있다는 것, 법적 용어로 말하자면 구제받을 기회가 있다는 사실 때문이라도 매각물건명세서를 꼭 확인해야 한다. 만약 매각물건명세서를 확인하지 않고, 자신이 공부한 내용을 응용해서 임의로 권리관계를 해석해 입찰을 진행하다가 뒤늦게 어떤 문제를 발견했다고 해보자. 이 경우 경매 자체를 취소할 수 있는 매각 불허가 사항을 찾지 못하는 한, 보증금을 돌려받을 수 없다.

그럼 이제 관건은 매각물건명세서를 들여다보고 제대로 이해하는 것이다. 그런데 그 방법이 실로 놀라울 정도로, 아니 싱거울 정도로 간단하다. 우선 매각물건명세서에서 하단에 있는 '등기된 부동산에 관한 권리 또는 가처분으로 매각 허가에 의하여 그 효력이 소멸되지 아니하는 것'이라는 항목을 찾는다. 그리고 그 밑에 어떤 내용이 기재되어 있는지 살펴보자. 만약 '해당 없음' 또는 공란이라면, 그 물건은 안전하다. 100% 안전하다. 권리 분석 끝, 땅땅땅!

실제로도 매각물건명세서를 확인했을 때 아무 문제 없는 경우가 태반이다. 그렇기 때문에 부동산 경매 투자에 입문했을 때 권리 분석에 너무 집착하지 말 것을 권유하는 것이다. 권리 분석에 대한 심도 깊은 공부는 실력을 한참 쌓고 나서 권리 관계가 복잡하게 얽혀 있는 이른바 특수물건에 도전할 때 시작하기 바란다.

이제 임차인 권리 분석에 대해 알아보자. 임차인 권리 분석의 목적은 한마디로 경매 물건 낙찰 이후 임차임의 보증금을 돌려줘야 할지 말지를 가려내기 위함이다. 다시 매각물건명세서로 돌아가자. 매각물건명세서에 있는 사건정보에서 최선순위 설정일자를, 그리고 점유자 정보에서 전입신고일자를 확인해 두 날짜를 비교해보자. 이후 다음의 두 가지를 확인하면 된다.

- **전입신고일자가 최선순위 설정일자보다 빠르다면?** 낙찰자가 보증금을 지불해야 한다. (이런 경우를 흔히 임차인이 대항

력을 갖고 있다고 표현한다.)

- **전입신고일자가 최선순위 설정일자보다 늦다면?** 낙찰자
가 보증금을 지불하지 않아도 된다.

이 두 가지가 임차인 권리 분석의 전부다. 간단하다.

지금까지 살펴본 권리 분석 방법은 100% 안전한 물건을
골라내는 방법이다. 복잡한 권리 관계가 없고, 임차인의 보
증금을 지불할 의무가 없는 100% 안전한 물건을 고르는 방
법인 만큼 부동산 경매 투자를 이제 막 시작한 초보자라면
반드시 숙지해야 한다. 막상 실전에서 뛰다 보면 이렇게 안
전한 물건이 과반수 이상임을 금방 깨닫게 될 것이다. 어떤
가, 자신감이 좀 생기지 않는가?

어떤 사람들은 보증금을 물어줘야 하더라도 그 물건이 정
말 마음에 들어 꼭 낙찰 받고 싶어 할 수도 있다. 이때는 어
떻게 해야 할까? 이 역시 간단하다. 지불해야 하는 보증금만
큼 입찰 예정가에 얹으면 된다. 그래야 낙찰 이후 보증금을
돌려줄 수 있으니까 말이다.

끝으로 권리 분석을 너무 어렵게 생각하지 않았으면 한다

는 당부를 전하고 싶다. 부동산 경매 투자에 도전하려면 권리 분석에 대한 편견과 고정관념을 버려야 한다. 권리 분석은 어려운 법적 관계를 자신이 배운 지식을 바탕으로 임의로 해석하는 주관적인 절차가 결코 아니다. 법원이 이미 공지해 둔 내용을 잘 체크하기만 해도 하등 문제될 것이 없다. 너무 겁먹지 말고 법원의 공지사항을 꼼꼼히 읽는다는 기분으로 부담 없이 접근하길 권한다.

다만 모르는 용어가 나올 때마다 수시로 확인하는 습관을 들여야 한다. 지금은 언제 어디서나 스마트폰을 통해 어떤 것이든 해답을 찾아 해결할 수 있다. 근저당권, 유치권, 분묘기지권, 지상권 등 생소한 법적 용어를 맞닥뜨릴 때마다 소위 말하는 '느낌적인 느낌'으로 어림짐작하거나 주변 지인들에게 얼핏 들은 내용을 바탕으로 대충 넘기지 말자. 어떤 생소한 용어든 꼼꼼하고 정확하게 체크하는 연습을 하자.

투자를 하는 주체는 다름 아닌 나 자신이다. 누군가 대신할 수 없기에 잘 알아둬야 하지만, 숙지할수록 나에게 더욱 이득이 된다. 모르는 용어가 튀어나올 때마다 잘 정리해두면 장기적으로 권리 분석에 걸리는 시간도 줄어들고 나중에 현장 조사에서 부동산 사무소를 방문해 공인중개사와 이야기를 나눌 때도 호락호락해 보이지 않는다. 그러니 용어에 익숙해지도록 노력하자.

등기부등본
이해하기

●

등기부등본은 해당 부동산의 역사가 담긴 문서다. 비록 매각 물건명세서를 통해 우리에게 필요한 모든 권리 분석을 끝마칠 수 있지만, 경매 투자에 뛰어든 사람이라면 등기부등본을

| 등기부등본 예시 |

보는 방법을 확실히 숙지해야 한다. 등기부등본은 크게 세 가지 영역으로 구성된다. 우선 표제부는 해당 부동산에 대한 객관적인 정보를 담고 있다. 대지 지분, 평수 등이 궁금할 때 체크하는 영역이다. 갑구에는 소유권에 대한 내용이 기재된다. 해당 부동산의 주인이 어떻게 바뀌었는지를 살펴볼 수 있다. 마지막으로 을구에는 소유권 이외의 권리가 모두 기재되어 있다.

여기서 간단한 퀴즈를 풀어보자. 만약 해당 물건의 주인이 그 물건을 담보로 대출을 받았는지 궁금하다면 '표제부', '갑구', '을구' 중 무엇을 살펴봐야 할까? 정답은 '을구'이다. 을구에는 소유권이 아닌 다른 모든 권리에 대한 내용이 기재되어 있다. 즉 해당 물건을 담보로 돈을 빌렸다면 관련한 내용도 을구에 기재된다.

Step 1-3.
판단력을 요하는 상업성 분석

권리 분석까지 마쳤다면, 이제는 상업성을 분석해볼 차례다. 단언하건대 상업성 분석은 권리 분석보다 두세 배는 더 중요하다. 권리 분석은 근본적으로 일종의 정답이 있다. 그러나 상업성을 분석할 때 정답이라는 것은 존재하지 않는다. 모든 투자가 그렇듯 타인의 의견을 100% 신뢰할 수도 없다. 그 누구도 책임져주지 않기 때문이다.

결국 상업성 분석에 있어서는 자신이 실력을 기르는 수밖에 없다. 궁극적으로는 상업성을 분석하고 예측하는 자신만의 견해와 논리를 갖춰야 한다. 여기에 공유하는 나만의 분석 비법 역시 일부는 특별히 비법이라고 하기 어렵다. 대부분의 투자자라면 다 알고 있는 기본적인 내용이고, 그중 일부는 오랜 시간 경매 투자를 진행하며 쌓아온 진짜 나만의 노하우다. 여러분도 현장에서 발로 뛰다 보면 분명 자신만의 노하우를 만들 수 있을 것이다. 또한 반드시 그렇게 되어야만 한다.

상업성 분석을 할 때
체크해야 할 것들

•

경매 정보 사이트에서 권리 분석상 하자 유무까지 체크해 마음에 드는 물건을 발견했다면 해당 지역에 대해 자신이 알고 있는 장단점 등을 비교적 객관적으로 한번 적어보자. 이때 나름의 기준을 만들어두면 좋다. 교통, 랜드마크, 유동인구, 향후 발전 가능성 등 거시적인 관점에서 기준을 잡고 한번 평가해보자. 만약 해당 지역을 잘 알고 있는 지인이 있다면 가볍게 의견을 나눠보는 것도 좋다. 경매 물건 주소를 인터넷에서 검색해 재개발 호재 등을 모두 체크하는 것은 기본이다.

그다음으로 시세를 체크해야 한다. 아파트의 경우 대부분의 투자자가 KB부동산이나 네이버 부동산을 통해 시세를 조회한다. (최근에는 밸류맵이라고 하는 서비스도 같이 사용하고 있다.) 시세와 동시에 실거래가와 거래횟수도 반드시 체크해야 하며, 최근 3개년 데이터까지 정리할 수 있다면 더할 나위 없다.

또한 네이버 지도나 카카오 지도 등에서 제공하는 로드뷰 등을 통해 해당 물건과 인근 지역을 입체적으로 분석해보자. 가장 추천하는 방법은 로드뷰를 움직이면서 마치 해당 지역을 실제로 걸어가보듯 체크하는 것이다. 이렇듯 현장 조사 경로를 미리 짜두면 실제 현장 조사에 나갔을 때 불필요한 시간 낭비를 줄일 수 있어 유용하다.

실제로 걸어가는 것처럼 로드뷰를 움직일 때는 해당 물건에서 가장 가까운 지하철역이나 버스정류장에서 시작하는 것이 좋다. 이를 통해 주변에 어떤 건물과 가게가 있는지, 또 그곳들과 거리가 얼마나 되는지를 따져봐야 한다. 그리고 지도를 확대 및 축소하면서 전반적인 상권도 들여다보자.

교통편이나 해당 상권에서 일종의 랜드마크처럼 중심이 될
만한 메인 건물 또는 학교가 있는지 살피면 된다. 또한 주변
에 아파트 내지는 빌라가 있는지, 또 있다면 세대 수가 얼마
나 되는지 등을 꼼꼼하게 기록하도록 하자.

또 하나, 상업성을 분석할 때는 늘 현재 상태만 보지 말고
과거 데이터까지 살펴봐야 한다. 요즘 로드뷰는 3~4년 전
데이터까지 볼 수 있다. 과거 시점 데이터와 현재 시점 데이
터를 비교해보면서 변화가 많았는지 적었는지, 어떤 것들이
생겨나고 없어졌는지도 확인해야 한다. 그리고 왜 그런 변화
가 생겨났는지도 생각해보도록 하자.

마지막으로 입찰하려는 물건이 단독주택이 아니라면, 해
당 건물의 다른 층 또는 다른 호실이 경매에 나온 적이 있었
는지도 확인해야 한다. 이렇게 하는 데는 크게 두 가지 목적
이 있다. 첫째로는 유사 경매 사례를 보고 입찰가 산정에 도
움을 받기 위함이고, 둘째로는 해당 물건(입찰하려는 물건이 아
니라 유사 사례)이 낙찰 이후 얼마나 달라졌는지 체크해 상권
변화를 엿보기 위함이다.

유찰된 이유를
추론해보자

•

부동산 초보 투자자 입장에서 처음 투자할 물건을 물색할 때, 가장 먼저 눈에 밟히는 것은 아무래도 역시 감정가 대비 50% 이상 저렴한 물건일 것이다. 파격적인 가격에 눈이 번쩍 뜨이는 느낌이 들겠지만, 경매 물건을 세부적으로 파악해보면 2~3회 유찰된 물건이 대부분이다. 즉 하자가 있을 가능성이 높다.

'유찰'은 부동산 초보 투자자 입장에서는 참으로 애매한 단어다. 1회도 아니고 2~3회 이상 유찰되었다는 사실은 어떤 시그널일 수 있다. 하지만 정확히 무얼 의미하는지 알 길이 없어 답답할 것이다. 결론부터 말하자면, 유찰의 이유를 정확히 파악할 수 있는 방법은 없다. 다만 다년간의 내 경험으로 봤을 때 가장 보편적인 유찰 원인은 다음 네 가지다.

- **권리 분석 실패:** 입찰 전 권리 관계 및 법적 이슈를 꼼꼼하게 분석하지 않았다가 입찰 후 문제점을 뒤늦게 깨닫는 경우가 있다. 이럴 때 눈물을 머금고 낙찰을 포기하면 결국 유

찰된다. 물론 이 경우에는 이미 지불한 보증금을 돌려받지 못한다.

- **상업성 분석 실패:** 한마디로 시세를 잘못 파악했다가 낙찰 후 문제점을 발견해 고민 끝에 낙찰을 포기하는 경우다. 이럴 경우에도 해당 경매는 유찰되고, 보증금도 돌려받을 수 없다.

- **대출 실패:** 대출을 실행하려는데 예상치 못한 문제가 발생해서 잔금을 제때 납부하지 못한 경우를 말한다. 이 경우에도 경매는 유찰되고 보증금도 포기해야 한다.

- **명도 저항:** 대출을 무사히 받아 잔금까지 성공적으로 납부했음에도 불구하고, 낙찰 물건의 기존 점유자가 순순히 물건을 내어주지 않고 강력하게 저항하는 경우가 있다. 물론 이렇게 강력한 저항을 만났다고 해서 어렵게 낙찰 받은 물건을 바로 포기하는 사람은 거의 없다. 다만 명도 저항이 오래 지속되어 무의미한 감정 소모와 극심한 스트레스를 받으면 낙찰 받은 물건이라도 포기하는 경우가 있다. 이 경우에도 유찰 처리되며 보증금을 포기해야 한다.

권리 분석과 상업성 분석을 충실히 수행했다면, 해당 물건이 유찰되었다는 내용을 보더라도 마음의 동요 없이 침착하게 판단할 것이다. 따라서 자신이 권리 분석과 상업성 분석을 철저히 했고, 대출 실행에도 문제가 없을 것으로 판단했다면, 명도 전략을 다시 한번 점검해보는 것으로 유찰에 대한 우려는 충분히 불식시킬 수 있다.

Step 2.
현장 조사 노하우

지금까지 물건을 검색하고 권리상 하자 유무와 상업성을 따져보았다. 이를 통해 마음에 드는 물건을 발견했다면, 이제 온라인 조사에서 벗어나 현장 조사, 이른바 임장이라고 불리는 단계로 진입할 때다.

현장 조사에서는 무엇을 조사해야 할까? 일단은 먼저 조사하려는 것을 체크리스트로 정해야 한다. 즉 물건 검색 및 권리 분석·상업성 분석 단계에서 사전 조사한 것을 바탕으로 요약 정리해놓아야 한다. 또한 현장에서 반드시 보려고 하는 것들을 체크리스트로 만들어두면 좋다. 이렇게 정리한 것을 현장 조사에 꼭 챙겨 가자. 이런 체크리스트가 없다면 막상 현장에 가서 우왕좌왕하다가 중요한 내용을 놓치고 그냥 돌아오고 말 수도 있기 때문이다.

임장 체크리스트
활용 방법

•

임장에서 특히 명심해야 할 것은 그냥 멍하니 바라보며 관찰하는 건 아무런 의미가 없다는 점이다. 애써 시간을 내서 관찰하러 나가기로 결심했다면, 그전에 무엇을 봐야 할지 체크 포인트로 정리해두자. 이에 대해 앞서 예시로 든 두 체크리스트를 바탕으로 설명하겠다.

먼저 임장 체크리스트 예시 1은 시간대별, 날씨별 건물과 그 주변 인상을 기록하는 것이다. 즉 한 번 본 인상만으로 단정하지 말고 해당 물건을 며칠에 걸쳐 살펴야 한다. 여유 시간이 충분하다면 해당 물건 인근에서 5~6시간 이상 머무르면서 쭉 관찰해보고 체크리스트도 평일과 주말로 나눠 정리

| 임장 체크리스트 예시 1 | | | |

날짜(O월 O일)	아침	점심	저녁
좋은 날씨			
평범한 날씨			
궂은 날씨(비 또는 눈)			

| 임장 체크리스트 예시 2 | | | |

날짜(O월 O일)	옥상	계단	주차장
노후 정도와 청소 상태			
누수나 수리 정도			
특이사항			

하면 좋다.

한 번이라도 거처를 구해본 적 있는 사람이라면, 아침, 점심, 저녁 시간대별로 체크해봐야 한다는 것은 당연히 알고 있을 것이다. 해가 얼마나 잘 드는지, 해가 지고 어둑해지면 주변 분위기가 어떻게 느껴지는지 등 전반적인 인상을 시간대별로 체크해야 한다.

또한 가능하다면 날씨에 따른 물건 및 주변 환경 컨디션도 체크해보도록 하자. 물론 일부러 비나 눈이 내리게 할 수는 없는 노릇이지만, 특히 상가는 비나 눈이 올 때 물건 컨디션을 체크할 수 있다면 운이 매우 좋다고 할 수 있다. 건물의 노후 수준 등을 엿볼 수 있기 때문이다.

임장 체크리스트 예시 2는 물건의 상태를 기록하는 것이다. 노후 수준, 누수와 균열 유무, 청소 상태 등 물건의 현재 상태를 면밀히 살펴보고 기록하도록 하자. 특히 아파트든, 빌라든, 상가든 누수 체크는 굉장히 중요하다. 그래서 나는 입찰하려는 물건에 방문하면 가능한 한 옥상에서부터 내려오면서 천천히 물건의 컨디션을 체크한다.

옥상은 그 상가 건물의 기본적인 관리 상태가 가장 명확하게 반영되는 곳이다. 따라서 옥상의 관리 상태나 청소 유무를 반드시 확인할 것을 권한다. 다음으로 천천히 걸어 내려오면서 계단도 살펴봐야 한다. 계단에 금이 가 있는데 전혀 보수되지 않았거나 계단의 청소 상태가 미흡하다면 이 역시 해당 물건의 가치에 반영해야 한다. 또한 물건 상태뿐 아니라 주차 조건과 같이 사소한 사항도 빼놓지 않고 꼼꼼하게 체크하도록 하자.

상가 투자라면
한 번 더 확인하자

•

만약 상가 투자를 원한다면, 지금껏 강조한 포인트 이외에 반드시 기억해야 할 팁이 몇 가지 더 있다.

물건 방문 시 1층에서 잘 찾아보면 인포메이션 보드가 있을 것이다. 인포메이션 보드는 상가 층별로 입점된 가게를 한눈에 볼 수 있도록 게시해둔 보드를 말하며, 반드시 사진을 찍어둬야 한다. 사람의 기억력은 생각보다 좋지 않기에 현장 조사를 다녀온 뒤에 기억을 되살려보면 자세히 생각나지 않는 경우가 비일비재하다.

이렇게 해당 건물의 입주 현황을 알아두면 근본적으로 투자해도 될 만한 곳인지, 또 상가 주변 환경을 파악할 수 있다. 즉 해당 물건을 낙찰 받은 후 상황을 예상해보는 것이다. 예를 들어 약간의 개보수 이후 임차인을 구해야 한다면, 해당 공간에 임차인으로 들어올 만한 사람이 있을지 생각해봐야 한다. 만약 편의점 빼고 모든 게 다 있는 건물이라면, 그 물건을 낙찰 받아 편의점을 운영한다면 잘되지 않을까? (물론 현실 세계에서는 이렇게 간단할 리 없겠지만 말이다.) 요컨대 나무가 아닌 숲을 봐야 한다. 주변 환경도 보고, 또 해당 건물 전체를 봐야 낙찰 이후 임차인을 구하지 못하는 걱정거리에서 벗어날 수 있다.

또한 가능하다면 상가규약을 반드시 알아봐야 한다. 관리사무소 등에 친절하게 문의하면 알려주는 경우가 많다. 이를 통해 해당 건물에 이중 입점 제한 규약이 있는지, 관리비가 어느 정도 되는지 파악할 수 있다. 상가 투자를 한 번도 해본 적 없는 투자자라면 간과하기 쉬운 부분인데, 상가 건물 중에 업종에 따라 이중 입점을 제한하는 경우가 꽤 있다. 대표적인 사례가 약국이다.

많은 투자자가 상가 투자를 논할 때, 유동인구를 고려해야 한다고 말한다. 유동인구는 대단히 중요하다. 나는 두 단계에 걸쳐 유동인구를 파악한다. 먼저 현장에서 어느 정도 시간을 보내며 유동인구를 몸소 경험한다. 그리고 현장 조사 이후 상권분석 사이트(sg.sbiz.or.kr)에 있는 통계자료를 통해 교차 검증해본다. 이 두 단계를 통해 유동인구를 충분히 가늠해볼 수 있다. 앞서 언급한 대로 날씨별, 시간대별, 그리고 평일·주말로 구분해 유동인구에 대한 개인적인 인상을 정리해두면 더더욱 판단이 용이하다.

공인중개사와
대화 나누는 요령

•

이만큼 현장 조사를 했다면, 이제는 해당 물건과 직간접적으로 관련된 사람들을 만나 직접 대화를 나눠볼 시간이다.

우선 부동산 사무소에 가야 한다. 공인중개사들은 해당 지역의 전문가다. 아무리 인터넷에서 많은 자료 조사를 하고 현장에서 매의 눈으로 관찰했다 하더라도 해당 지역의 공인중개사들만큼은 못할 것이다. 이들과는 어떻게든 시간을 내 대화를 나눠봐야 한다. 어떤 부동산 사무소를 방문할지 고민될 때는 가급적 간판이 깨끗한 곳, 매물 현황 정리를 깔끔하게 해둔 곳을 고르도록 하자.

많은 초보 경매 투자자가 막상 공인중개사를 처음 만나면 무엇을 어떻게 물어볼지 난감해한다. 공인중개사를 만나 대화하는 요령은 다음과 같다.

첫째, 최소 세 군데 이상의 부동산에 들러 각기 다른 공인중개사를 만나야 한다. 핵심은 앞서 소개한 대로 방문 목적을 각각 다르게 말하는 것이다. 첫 번째 부동산 사무소에서는 염두에 둔 물건을 매수할 것처럼 물어보고, 두 번째 부동산 사무소에서는 매도할 것처럼 물어보고, 마지막 부동산 사무소에서는 임대할 것처럼 물어봐야 한다. 이 순서를 반드시 지켜야 한다. 그래야 첫 번째 사무소에서 매수 예정자인 것처럼 물었을 때 들은 가격 정보로 그다음 사무소에서 매도 문의를 할 수 있다. 또한 매수자 관점에서 문의하면 운이 좋을 경우 해당 물건 내부를 직접 볼 수 있고, 적어도 유사 물건의 내부를 볼 수 있는 기회를 얻을 수 있다. 부동산 경매 투자의 몇 안 되는 단점 중 하나가 물건 내부를 실제로 체크하기 어렵다는 점인데, 공인중개사에게 매수자인 척 문의하면 이 단점을 극복할 절호의 찬스를 얻을 수도 있다.

또한 매수 문의를 하기에 앞서 입찰 예정 물건과 유사한 물건이 실제로 매매에 나왔는지 체크한 뒤, 부동산 사무소에서 그 물건을 꼭 집어 물어보면 좋다. 자세히 설명하자면 경매에 나온 물건이 아파트라면 해당 단지의 같은 평수 중 실제 매매에 나온 물건이 있는지 미리 체크하고 그 물건을 지목하는 것이다. 이렇게 물어보는 이유는 일종의 기싸움이다. "이 동네 물건 좀 보러 왔어요"라는 식의 인사는 공인중개사로 하여금 매수 의지가 강하지 않은 사람 내지는 부동산 투자 초보라는 인상을 준다. 첫인상이 이렇게 형성되면 대화를 깊게 진행하기가 어렵다. 물건을 하나 지목해서 이야기를 꺼내면 아마도 공인중개사들은 전반적인 조건이나 희망사항을 물어볼 것이다. 그러면 어떻게 대답하면 될까? 실제로 거주하거나 세를 줄 수도 있다면서 가능성을 열어놓았다는 뉘앙스를 풍기면 충분한 대답이 된다.

둘째, 해당 지역에 대해 아주 잘 아는 것은 아니지만 어느 정도 친숙한 곳이라는 인상을 주는 것도 좋은 전략이다. 예를 들어 친구, 친척 등이 이 근처에 살아서 자주 방문해봤다는 식으로 대화를 이끌어가면 대부분의 부동산 사무소에서 매물장부를 보여주는 편이다. 이를 토대로 해당 지역 부동산 현황을 대략적으로 파악할 수 있다. 이렇게 얻은 '매수 관점' 정보를 바탕으로 계속 '매도 관점', '임대 관점' 데이터를 모으도록 하자.

다양한 관점의 가격 데이터를 모두 체크해보았다면, 해당 물건에 대한 매수, 매도, 임대 관점에서의 가격 범위를 어느 정도 잡을 수 있다. 이 가격 범위는 시세 파악은 물론이거니와 입찰가를 산정할 때도 중요한 자료가 된다. 현장 조사 이후에 시간이 난다면 해당 물건 주변의 새로운 부동산 사무소 한두 곳에 전화해 다시 한번 매수, 매도, 임대 가격을 체크해보는 것도 좋다. 그리고 이때 가격만 물어보지 말고, 해당 물건 및 유사 물건에 대해 어느 정도 문의가 들어왔는지도 체크해봐야 한다. 즉 수요를 확인해야 한다. 아무리 좋은 가격이라고 하더라도 수요가 있어야 낙찰 이후 임대든 매매든 할 수 있으니 절대 빼놓지 말자.

셋째, 너무 단순하고 뻔한 말이라고 생각하겠지만 공인중개사를 만날 때는 자신감을 가져야 한다. 사실 자신감을 가지라는 조언을 듣고 바로 그대로 실천할 수 있는 경매 투자자는 드물다. 그렇기 때문에 한 번이라도 빨리 부딪혀봐야 한다. 공인중개사와 몇 번만 대화해보면 생각보다 금방 익숙해질 것이다.

자신감을 가지라는 조언에서 연결되는 조언을 하나 더 하자면, '급매' 물건이 있다면 당장에라도 매수하겠다는 마음가짐을 가져야 한다는 것이다. 만약 급매 물건이 염두에 두고 있던 입찰가보다 싸다면 무조건 잡아야 한다. 앞서 말한 바 있지만, 경매 투자의 가장 큰 장점은 시세보다 싸게 살 수 있다는 것이다. 즉 어느 때는 경매 입찰보다 가격이 우선이다. 경매 입찰가보다도 싼 물건이 나왔다면 (다른 하자가 없다는 전제하에) 바로 매수할 수 있는 담력을 갖춰야 한다.

자신감과 담력이라는 뻔한 조언을 다시금 강조하는 이유는 초보 경매 투자자 중에 살까 말까 고민하다가 좋은 기회를 놓쳐버리는 경우가 정말 많기 때문이다. 무작정 투자가 성공할 것이라는 낙관적인 기대만 갖고 투자하는 것은 위험하지만, 용기 있게 도전하려는 자세가 없다면 경매 투자 실력을 끌어올리기는 쉽지 않다. 따라서 뻔한 조언일지라도 명심하도록 하자.

마지막으로, 공인중개사와의 관계를 장기적으로 보는 안목을 갖춰야 한다. 자신의 경매 투자 사업에 있어 해당 지역의 영업지부장을 만든다는 생각으로 대하길 권한다. 예의를 갖춰 겸손한 자세로 질문을 건네고 좋은 관계를 쌓는다면, 장기적으로 경매 투자에 굉장한 도움을 받을 수 있다. 해당 지역에 대한 투자 정보를 언제든 문의할 수도 있고, 관계가 단단해지면 정말 좋은 가격의 급매 물건을 먼저 소개받을 수도 있다. 공인중개사와 좋은 관계를 맺는 요령은 특별할 것이 없다. 가볍게 음료수라도 하나 준비해 방문하는 나름 전통적인 방법도 효과적이지만, 내 경험에 비춰 보면 예의를 갖추는 모습이 가장 효과적이었다. 내가 해본 방법 중에 가장 좋았다고 자신할 수 있다.

이웃이나 거주자
만나보기

●

부동산 사무소를 방문해 얻은 정보를 정리한 뒤에는 입찰 예정 물건 주변의 이웃들과 접촉해봐야 한다. 이들에게 물어봐야 할 것은 사실 정해져 있다. 입찰 예정 물건에 대한 개괄적인 정보들이다. 가령 건물 컨디션, 관리비와 같은 것들을 다시 한번 체크한다는 생각으로 대화를 걸어보라. 이 역시 처음에는 매우 낯설고 어렵게 느껴지지만, 조금씩 익숙해질 것이다.

아울러 가능하다면 해당 물건에 거주하거나 사용하고 있는 사람들을 만나 대화를 나눠보길 권한다. 두말할 필요 없이 정말 어려운 과정이다. 나 역시 입찰 예정 물건 주변의 공인중개사들과 대화를 나누거나 그 주변 이웃들과 이야기를 나누는 것은 어렵지 않게 익숙해졌지만, 해당 물건 거주자에게 직접 말을 붙이는 것은 정말 어려웠던 기억이 있다. 정말 힘들겠지만 그럼에도 도전해야만 한다.

누군가는 거주자 입장에서 보자면 당장 쫓겨날지도 모르는 상황인데, 해당 물건을 입찰할 예정이라며 찾아가는 건 너무 가혹하지 않냐고 생각할 수도 있겠다. 바로 이 점이 핵심이다. 객관적으로 생각해보면, 해당 물건의 기존 거주자 및 사용자는 경매 낙찰 이후 최우선적으로 고려되는 예비 임차인이다. 즉 훗날을 도모하기 위해서, 미리 좋은 관계를 만들어둬도 나쁠 것이 전혀 없다.

나는 보통 해당 물건의 경매 건 때문에 대화를 나누고 싶다는 의사를 최대한 정중하고 간결하게 밝히며 대화를 시작한다. 내 경험을 토대로 이야기하자면, 해당 물건의 거주자가 해당 물건이 경매에 넘어갔다는 사실을 모르고 있는 경우도 제법 있었다. 따라서 경매가 진행되고 있다는 걸 알고 있는지, 또 경매 제도에 대해 얼마나 인지하고 있는지 물어보고, 내 선에서 최대한 알려주고 도와주겠다는 의사를 밝혔다. 이 과정에서 자연스럽게 해당 물건에 대한 디테일하고 깊은 정보를 알게 되기도 하고, 물건의 내부 컨디션을 살펴볼 수도 있었다.

이 과정은 분명히 매우 어려운 편이다. 처음에 말을 붙이는 것이 쉽지 않을 것이다. 그럼에도 불구하고 반드시 해야만 한다. 앞서 설명한 대화 요령을 토대로 현장 조사에서 한 번 실천해보길 바란다.

상가 관리비를 꼭 확인하자!

경매 투자, 특히 상가 건물을 낙찰 받고 싶은 예비 투자자라면 상가 관리비의 중요성을 결코 잊어서는 안 된다. 상가 분양은 분양면적 대비 전용면적 전용률이 낮다. 달리 생각해보면 실제로 활용할 수 있는 공간은 작은 반면, 부담해야 할 관리비는 크다는 이야기다.

생각보다 많은 상가가 (지역에 따른 차이는 분명히 존재하겠지만) 평당 5만 원에 육박한다. (실평수가 아닌 평당 기준이다.) 아직 감이 안 온다면, 전용평수가 40평인 상가를 떠올려보자. 전용평수가 40평이면 분양평수로는 80평 정도가 될 텐데, 평당 2만 원으로 계산해도 기본 관리비가 160만 원이다. 이렇게 무지막지한 관리비가 동반되는 상가는 낙찰 받더라도 임차인을 구하기가 무척 어렵다. 결국 다시 한번 경매 시장에 나타날 가능성이 매우 높다.

Step 3-1.
입찰가 산정부터 경매 입찰까지

괜찮은 물건을 찾아서 법적인 문제가 없는지 그리고 상업성이 있는지 체크한 뒤 현장 조사까지 마쳤다. 현장 조사에서는 입찰하려는 물건의 실제 상태를 눈으로 확인하고 주변 환경도 둘러보았으며, 공인중개사는 물론이고 해당 물건 점유자와도 충분히 대화를 나누었다. 이 정도 조사를 마치고도 여전히 매력적인 물건이라는 판단이 섰다면 이제 입찰가를 산정해야 한다.

입찰가
산정하는 법

•

입찰가는 경매 입찰 전에 미리 정해놓아야 한다. 경매 당일에 산정하겠다는 생각은 대단히 위험하다. 앞서 언급한 대로 현장 분위기에 휩쓸려 입찰가를 조정하게 될 가능성이 있기 때문이다. 만약 현장 분위기에 휩쓸려 높은 입찰가로 써서 낙찰 받는다면 낙찰의 기쁨도 잠시일 뿐, 금방 후회하게 될 수 있다. 반대로 입찰가를 계획보다 조금 낮게 써서 패찰하게 되는 경우도 있다. 그렇기 때문에 입찰가는 현장 조사 다녀온 직후에 산정하는 것이 가장 좋다.

온라인 조사 및 현장 조사 결과를 토대로 입찰가를 산정했다면, 다음 3개 사이트를 통해 자신의 판단을 다각도로 검토해보자. 참고로 입찰가를 산정할 때는 해당 투자를 통해 결과적으로 어느 정도의 수익을 남기고 싶은지, 즉 기대 수익률을 미리 정해야 한다. 바꿔 말하면 이 기대 수익률을 실현시킬 수 있는 수준의 입찰가를 정해 입찰해야 한다.

첫째, KB부동산 사이트를 이용해 '시세'를 다시 한번 체크하자. 둘째, 네이버 부동산 사이트를 이용해 '호가'를 체크하

자. 마지막으로, 국토교통부 사이트를 이용해 '실거래가'를 체크하자. 아파트를 비롯해 부동산은 실제 거래가 발생하고 나면 실제 거래된 가격이 국토교통부에 등록된다. 따라서 국토교통부 사이트에 찾아가 반드시 체크해야 한다. 우리가 현장 조사 중 부동산 사무소에서 실거래가를 물어보는 이유는 실거래 이후 국토교통부 사이트에 실거래가격이 등록되기까지 다소 시간이 걸리기 때문이다. 국토교통부 사이트에서 확인할 생각만 하다 보면 최근 거래 건의 데이터를 놓칠 수 있으니 주의하자.

입찰가와 관련해 팁을 하나 말하자면, 경매 현장에서는 동일한 금액이 나오면 패찰되어버린다. 실제로 자주 발생하는 일은 아니지만, 이런 일을 미연에 방지하기 위해 '나만의 입찰가'를 따로 정해두면 좋다. 예를 들어 입찰가가 얼마가 되었든 만 원 단위를 5만 원으로 맞추는 것이다. 입찰가를 1억 5만 원이나 4,505만 원과 같이 산정하면 다른 사람과 금액이 겹치는 일이 웬만하면 일어나지 않는다.

경매 매각기일
체크하기

●

입찰가를 확실히 정했다면 경매가 진행되는 날짜, 즉 경매 매각기일을 체크하자. 여기서 특히 중요하게 알아둬야 할 점은 경매 매각기일이 생각보다 흔히 바뀐다는 것이다. 따라서 경매 매각기일 전날과 당일 아침에 한 번씩 다시 확인해보는 습관을 들여야 한다. 법원경매정보 사이트에서 입찰 예정 물건 번호를 검색하면 날짜 변경 및 취소 여부를 쉽게 확인할 수 있다.

날짜와 같이 진행 시간도 확인해야 한다. 경매는 보통 오전 10시에서 11시 20분 사이에 입찰 서류를 받는다. 그리고 10분 뒤인 11시 30분에 개찰하는 편이다. 다만 해당 경매를 관할하는 법원에 따라 경매 진행 시간이 조금씩 달라지기도 한다. 어떤 곳은 오전이 아닌 오후에만 경매를 진행하고, 어떤 곳은 10시가 아닌 10시 20분에 시작하기도 한다. 따라서 반드시 두세 번 체크해야 한다. 누군가는 10분 차이가 별것 아니라고 생각할 수도 있지만, 경매 입찰에 있어 10분이면 엄청난 시간이다. 마감 10분 전에 헐레벌떡 도착해서 허둥

대다 보면 실수를 저지르는 건 불 보듯 뻔한 일이다. 일시를 미리 확인해서 시간을 잘 지키도록 하자.

시간을 잘 지키려면 특히 해당 법원의 주차장 위치를 미리 알아둬야 한다. 경매가 진행되는 법원은 경매 입찰자는 물론 수많은 사람이 드나드는 곳이다. 당연히 주차가 쉽지 않으니 이 점을 감안해서 움직여야 한다. 법원 근처의 유료 주차장을 미리 확인해두고 여의치 않다면 택시를 이용하는 것도 좋은 방법이다.

입찰 서류와
보증금

●

입찰에 필요한 서류는 세 가지다. 바로 입찰봉투, 매수신청 보증봉투, 기일입찰표다. 우선 기일입찰표는 법원 현장에 비치되어 있으므로 현장에서 즉석으로 작성해도 무방하다. 물론 인터넷에서 서류 양식을 다운로드해 사전에 작성하는 것도 가능하다. 로드옥션(lordauction.com)에서 무료 회원가입 후 반드시 확인해볼 것을 추천한다.

입 찰 표

○○ 지방법원 집행관 귀하   년 월 일

사건 번호		타경	호	물건 번호	※물건번호가 있는 경우에만 기재
입 찰 자	본인	성 명			㉑
		주민등록번호		전화번호	-
		주 소			
	대리인	성 명		본인과의 관계	
		주민등록번호		전화번호	-
		주 소			

입찰 가액	천 억	백 억	십 억	억	천 만	백 만	십 만	만	천	백	십	일	원	보증 금액	백 억	십 억	억	천 만	백 만	십 만	만	천	백	십	일	원

보증금을 반환받았습니다.

입찰자 본인 또는 대리인   ㉑

주의사항

1. 입찰표는 물건마다 별도의 용지를 사용하십시오. 다만, 일괄입찰시에는 1매의 용지를 사용하십 시오.
2. 한 사건에서 입찰물건이 여러개 있고 그 물건들이 개별적으로 입찰에 부쳐진 경우에는 사건번호 외에 물건번호를 기재하십시오.
3. 입찰자가 법인인 경우에는 본인의 성명란에 법인의 명칭과 대표자의 지위 및 성명을, 주민등록 번호란에는 **법인의 사업자등록번호를 각** 기재하고, 대표자의 자격을 증명하는 문서(법인의 등기부 등·초본)을 제출하여야 합니다.
4. 주소는 주민등록상의 주소를, 법인은 등기부상의 본점소재지를 기재하시고, 신분확인상 필요하오 니 주민등록증을 꼭 지참하십시오.
5. **금액의 기재는 수정할 수 없으므로, 수정을 요하는 때에는 새 용지를 사용하십시오.**
6. 대리인이 입찰하는 때에는 입찰자란에 본인과 대리인의 인적사항 및 본인과의 관계 등을 모두 기 재하는 외에 본인의 위임장(입찰표 뒷면을 사용)과 인감증명을 제출하십시오.
7. 위임장, 인감증명 및 자격증명서는 이 입찰표에 첨부하십시오.
8. 일단 제출된 입찰표는 취소, 변경이나 교환이 불가능합니다.
9. 공동으로 입찰하는 경우에는 공동입찰신고서를 입찰표와 함께 제출하되, 입찰표의 본인란에는 "별첨 공동입찰자목록 기재와 같음" 이라고 기재한 다음, 입찰표와 공동입찰신고서 사이에는 공동 입찰자 전원이 간인하십시오.
10. 입찰자 본인 또는 대리인 누구나 입찰보증금을 반환받을 수 있습니다.

3 - 17(앞면)

• **사건번호/물건번호:** 입찰하고자 하는 경매 물건의 사건번

호를 적는다. 타경이라는 단어 뒤에 있는 번호를 적으면 된

다. 만약 여러 번호가 딸린 경매 물건이라면 정확한 번호를 물건번호에 적어야 한다. 물건번호를 쓰지 않으면 무효 처리가 되니 반드시 주의하도록 하자.

- **입찰자:** 본인(또는 대리인) 항목에 이름과 연락처, 주민등록번호 그리고 주소를 정확하게 기재한다.
- **입찰가액:** 부동산 경매 투자 중수 또는 고수라도 늘 긴장되는 항목이 바로 입찰가격이다. 입찰하고자 하는 금액을 적으면 되는데, 단위를 맞게 썼는지 두세 번 확인하도록 하자. 정말 중요하다.
- **보증금액:** 입찰하려는 경매 물건의 최저 입찰가의 10% 금액을 적는다.

일단 이 정도만 작성하면 기일입찰표 작성은 끝난다. 몇 가지 중요한 사항이 있다. 우선 금액을 잘못 기입했다면 수정하려 하지 말고 무조건 새 용지에 다시 작성해야 한다. 수정테이프 등을 이용해 수정하는 것은 금물이다. 법원에서는 입찰 가격 수정을 절대 허용하지 않기 때문이다. 그리고 '보증금의 제공방법'이라는 항목이 있는데 이것은 만약 낙찰에 실패했을 때 보증금을 돌려받는 방법을 말한다. 부동산 경매 투자 경험이 웬만큼 쌓인 사람들은 이 항목 옆에 있는 '보증금을 반환받았습니다' 칸에 미리 체크를 해두는 편이다. 입찰 결과가 나오고 낙찰에 실패하면 보증금을 돌려받아야 하는데, 그때 가서 보증금 반환에 체크하면 생각보다 시간이 오래 걸리기 때문이다. 따라서 경험이 있는 사람들은 미리 체크해두는 편이다.

또한 나의 초보 시절을 떠올려보면 입찰 서류를 제출하고 나서 혹시 실수하지 않았나 싶어 괜스레 불안해했던 기억이 있다. 그래봐야 1시간도 안 되는 시간이지만 마치 5~6시간처럼 느껴졌다. 그래서 나는 늘 입찰 서류를 작성하고 나서 스마트폰을 이용해 사진을 찍어둔다. 이렇게 하면 서류 제출 이후 불안하지 않다.

기일입찰표 작성이 끝났다면 보증금을 '매수신청보증봉투'에 넣은 뒤 해당 봉투에 자신의 정보를 적으면 된다. 보증금을 준비하는 것과 관련해서도 미리 알아두면 좋을 내용이 있다. 기본적으로 보증금은 최소 1,000만 원 이상이다. 현금으로 준비하기엔 쉽지 않은 큰 금액이다. 특히나 자가용이 없어 대중교통을 이용해야 하는 사람에게 고액 보증금을 들고 다니는 것은 꽤나 부담스러운 일이다. 그렇기 때문에 많은 사람이 수표를 이용한다.

내가 지켜본 대부분의 경우는 법원 주거래은행인 신한은행(바뀔 수 있음)을 통해 보증금 금액에 맞춰 수표를 준비한다. 그리고 그 수표를 입찰에 사용하고 나서, 만약 패찰하면 바로 근처 신한은행에 방문해 수표를 입금하곤 했다.

매번 이렇게 은행에 오가는 게 번거롭다면 다음과 같은 방법도 있다. 수표를 딱 한 장만 발행하지 않고 '고액 수표+현금' 형식으로 보증금을 준비하는 것이다. 가령 보증금이 2,250만 원이라면 수표는 1,000만 원짜리 2장으로 하고, 나머지 250만 원은 현금으로 준비하는 것이다. 이렇게 하면 혹시라도 낙찰에 실패했을 경우 2,250만 원짜리 수표를 그대로 은행에 가서 입금하는 번거로운 과정을 피할 수 있다. 1,000만 원짜리 수표를 여러 장 준비해두면 만에 하나 패찰되더라도 다음 경매 입찰 때 손쉽게 활용할 수 있기 때문이다. 즉 수표의 활용성을 고려해 보증금을 준비해놓으면 좋다.

기입일찰표를 작성하고 보증금을 담은 매수신청보증봉투까지 준비를 마쳤다면 경매 법정에 마련된 입찰봉투에 넣어 스테이플러를 찍고 제출한다. 이때 스테이플러가 아닌 풀을

입찰 키트

개인적으로 자신만의 입찰 키트를 준비하는 것을 추천한다. 내가 추천하는 입찰 키트 물품은 다음과 같다.

- 입찰 서류
- 도장과 인주
- 펜
- 신분증

사실 입찰 서류 같은 것들은 법원 현장에서도 다 구할 수 있다. 그리고 신분증은 굳이 언급하지 않아도 지갑 속에 다 넣고 다닐 것이다. 그럼에도 불구하고 이렇게 입찰 키트를 만드는 이유는 현장에서의 변수를 최소화하고, 예상치 못한 일이 발생했을 때 당황하지 않고 바로 대응할 수 있기 때문이다.

사용하면 절대로 안 된다. 이 입찰봉투를 집행관에게 제출하면 집행관은 일종의 영수증에 해당하는 개념으로 입찰봉투 끝부분을 잘라 입찰자에게 돌려준다. 이 '영수증'을 절대로 잃어버리면 안 된다. 이 영수증에는 입찰봉투와 쌍을 이루는 숫자가 적혀 있는데, 경매 결과 발표 후에 영수증의 숫자와 일치해야만 자신의 봉투를 돌려받을 수 있기 때문이다.

기일입찰표는 엄연한 공문서이므로 허용되지 않는 것들이 꽤 있다. 경매 투자에 처음 도전하는 사람이라면 꼼꼼하게 읽고 숙지해 불이익을 보지 않도록 조심하자.

입찰 결과
발표

•

입찰 서류를 제출하고 나면 법원마다 다르지만 보통은 오전 11시 30분 경에 개찰한다. 이때 자신의 입찰 결과뿐 아니라 1등, 2등, 3등의 가격에 골고루 관심을 가지면 경매 투자 실력을 한층 더 빠르게 성장시킬 수 있다.

또한 가능하다면 다른 사람들에게 말을 한번 붙여보라. 해당 물건에 대한 다양한 관점을 접해보는 것은 언제나 유익하다. 어느 정도 가격에 매도할 수 있을지, 아니면 임대수익을 노리고 입찰가를 얼마로 산정했는지 등등 이야기를 나누다 보면 부동산을 바라보는 시야가 조금은 더 넓어질 것이다. 낙찰자에게 말을 붙이는 게 영 어색하다면, 가볍게 "축하해요", "부럽네요"라고 말을 건네는 것으로 시작해보자. 안면몰수할 사람은 없을 것이다.

한 가지 더 추천하자면, 보증금을 내고 입찰하기에 앞서 한 번쯤 시간을 내어 경매 법정에 참석하면 좋다. 입찰 과정을 눈으로 한번 지켜보는 것이다. 이렇게 과정을 직접 보고 입찰에 참여하는 것과 처음부터 바로 참여하는 것에는 긴장감에 있어 큰 차이가 있다.

대리인 제도
활용하기

•

간혹 경매 매각기일에 직접 참석하기 어려운 사정이 생길 수 있다. 직장인이라면 중요한 회사 업무가 있을 수 있고, 또 직장을 다니지 않더라도 이런저런 사정이 생겨 자신이 직접 참석하기 어려울 때도 있기 마련이다. 이럴 때 활용할 수 있는 제도가 바로 대리인 제도다.

위 임 장

대	성 명		직 업	
리	주민등록번호		전화번호	
인	주 소			

위 사람을 대리인으로 정하고 다음 사항을 위임함.

다   음

○○ 지방법원   타경   호 부동산

경매사건에 관한 입찰행위 일체

본	성 명		직 업	
인	주민등록번호		전화번호	
1	주 소			
본	성 명		직 업	
인	주민등록번호		전화번호	
2	주 소			
본	성 명		직 업	
인	주민등록번호		전화번호	
3	주 소			

※ 본인의 인감증명서 첨부
※ 본인이 법인인 경우에는 주민등록번호란에 사업자등록번호를 기재

○ ○ 지방법원   귀중

3 - 17(뒷면)

대리인 제도를 활용하는 방법은 간단하다. 앞서 설명한
기입입찰표를 작성할 때 자신을 대리해 참석한 사람이 '대리

인 항목'을 작성하면 된다. 한 가지 추가로 필요한 서류가 있는데, 바로 '위임장'이다.

위임장 작성은 별로 어렵지 않다. 다만 하단에 있는 '본인의 인감증명서 첨부'라는 문구를 주목하자. 즉 입찰하고자 하는 당사자의 인감증명서를 필히 첨부해야 한다.

가족 중 한 명에게 대리인을 부탁하는 사람이 대부분이겠지만, 상황이 여의치 않거나 부동산 경매 입찰 건수가 많을 경우에는 대리 입찰을 전문으로 하는 담당자에게 의뢰하는 방법도 가능하다. 전문 대리인에게 의뢰할 경우에는 보통은 낙찰과 무관하게 대리 입찰을 진행할 때마다 10만 원 내외의 수수료를 지급한다. 또는 한 업체와 계약을 맺고 낙찰 시 낙찰 금액의 1%를 수수료로 지불하는 방법도 있다.

Step 3-2.
낙찰 후에 진행해야 할 것

앞서 설명했듯 경매의 결과로 누군가 낙찰 받는다 하더라도
해당 물건의 진정한 소유주가 되기까지 시간이 다소 소요된
다. 우선 법원에서는 채무자가 빚을 갚을 수 있는 기간 2주
일을 준다. 매각허가결정 기간인 일주일과 즉시항고 기간인
일주일을 합한 것이다. 이 2주 안에 매각 불허가 신청이나
즉시항고가 승인되다면, 또는 채무자가 빚을 갚는다면 애써
낙찰 받은 경매 건이 수포로 돌아간다. (즉 내가 잔금을 납부하
기 전에 채무자가 빚을 갚을 수 있다.) 따라서 잔금 납부 전까지는

예의 주시해야 한다.

매각허가결정과 즉시항고를 포함해 2주 정도 지나면 법원은 낙찰자에게 잔금을 납부할 것을 통지한다. 이 통지를 받은 시점으로부터 약 35일 안으로 자기자본 또는 대출 등의 방법으로 잔금을 마련해 납부하면 드디어 부동산의 소유주가 된다.

낙찰 → 매각허가결정 → 잔금납부통지 → 잔금납부 데드라인(=소유권 이전)

여기서 잠깐, 경매 현장에 와 있다고 상상해보자. 손에 땀을 쥐는 시간이 흐르고 입찰 결과가 발표되었다. 상상 속에서 당신은 낙찰에 성공하고, 낙찰 영수증을 거머쥐게 되었다. (우선 축하한다! 특히 첫 낙찰의 쾌감을 이루 말할 수 없을 것이다.) 법정을 나서는 순간 갑자기 여기저기서 사람들이 나타나 당신에게 명함을 줄 것이다. 바로 대출 상담사들이다.

낙찰 후에 본격적으로 준비해야 하는 것은 바로 대출이다. 이제부터 대출에 대해 자세히 알아보겠다.

대출
알아보기

●

경매 대출을 알아보는 방법을 본격적으로 설명하기 전에 한 가지 짚고 넘어갈 것이 있다. 순서상으로는 낙찰 이후에 대출을 알아보는 것이 당연히 맞지만, 입찰 전부터 잔금을 어떻게 납부할지 자금 조달 방법을 대략적으로라도 구상해둬야 한다. 어렵게 낙찰 받은 물건의 잔금을 납부하지 못하면 투자 기회를 놓칠 뿐 아니라, 소중한 보증금을 말 그대로 '날려버리게 된다'. 물론 경매 투자를 몇 번 경험해보면 자연스레 경매 대출에 대한 감이 생기겠지만, 아직 그런 상황이 아니라면 입찰 전에 자금 조달 방법을 찾아보고 계획을 확실히 세워두도록 하자.

경락잔금대출이란
무엇일까?

●

먼저 경락잔금대출에 대해 살펴볼 필요가 있다. 경락잔금대출이란 말 그대로 경매낙찰가에서 입찰금을 제외한 나머지 금액, 즉 잔금을 위한 대출을 말한다.

부동산 경매 투자의 세계에 익숙하지 않은 사람이라면 대출을 받으려고 할 때 보통 국민은행, 신한은행, 우리은행 등 제1금융권 은행을 떠올릴 것이다. 하지만 이런 대형 은행들은 경락잔금대출을 잘 취급하지 않는다. 그들에게 있어 경락잔금대출은 규모가 너무 작기 때문이다. 따라서 경락잔금대출을 취급하는 은행을 찾아봐야 하는데, 이 은행을 소개해주는 사람들이 바로 대출 상담사들이다. 때문에 이들이 주는 명함을 절대 거절해서는 안 된다. 이 명함들은 매우 소중한 정보인 만큼 잘 챙겨두도록 하자.

노파심에 한 가지 덧붙이고자 한다. 낙찰을 받게 되면 낙찰 영수증을 수령하게 된다. 당연한 말이지만 이 영수증은 절대 분실해서는 안 된다. 이 영수증은 낙찰자임을 증명하는 역할을 할 뿐만 아니라 당연히 대출을 신청할 때 제출해야 하는 서류다.

개인적인 의견으로 낙찰 영수증을 스마트폰을 통해 사진 촬영하고 PDF 스캔해놓기를 바란다. 즉 낙찰 영수증을 실물 보관, 사진 파일, PDF 세 가지 형태로 모두 갖고 있는 것이다. 또한 낙찰 받은 후에 낙찰 영수증과 더불어 법원에 있는 민사신청과 경매계를 방문해 낙찰 물건 관련 서류를 모두 떼는 것을 추천한다. 낙찰 물건의 임대차 계약서, 무상거주 확인서 등등을 모두 열람하고 복사해서 준비해두도록 하자. 나중에 다시 방문하는 건 상상만 해도 번거로우니까 말이다. 낙찰 물건의 점유자 연락처도 이때 확인할 수 있다.

경락잔금대출 주의사항

경락잔금대출 준비는 대출상담사의 명함에 적힌 번호로 대출 가능 금액을 문의하는 것에서 시작한다. 전화로 연락을 해도 되지만 대출 조건을 손쉽게 정리하려면 문자로 연락하는 것을 추천한다. 낙찰 받은 물건의 사건번호, 자신의 현재 소득 수준, 그리고 원하는 대출액을 미리 정리해 문자를 보내면 된다. 대출을 안내받을 때 확인해야 할 사항으로는 최대 대출금액, 이자율, 거치기간, 중도상환수수료 등이 있다.

특히 주의해야 할 것이 중도상환수수료다. 초보 투자자들 중에 중도상환수수료를 놓치는 경우가 종종 있기 때문이다. 아무리 월세 소득 창출을 목적으로 경매 투자를 했다고 하더라도 상황에 따라 전세 세입자를 받을 수도 있고 매각하게 될 수도 있다. 이런 상황을 염두에 두고 대출을 중도 상환하게 되면 수수료가 얼마나 발생할지 미리 체크해둬야 한다. 대출 상담사와 소통할 때도 당연히 가능한 한 여러 대출 상담사에게 다양한 대출 상품 조건을 받아서 비교해보는 것이 좋다.

앞서 현장 조사 시 공인중개사들과 네트워크를 형성해 두면 향후 경매 투자에 있어 이점이 많을 것이라고 강조했다. 대출 상담사들과도 마찬가지다. 아직 경매 물건을 낙찰 받지 않았더라도, 즉 입찰 전이라도 대출 상담사에게 대출 가능 여부를 문의할 수 있다. 이때 자신이 입찰하고자 하는 물건과 소득 수준, DSR(총부채원리금상환비율) 등을 정리해 물어보면 대략적인 대출 가능액을 확인할 수 있다. 따라서 한 번 더 강조하지만, 대출 상담사들의 연락처는 잘 보관해두는 것이 좋다.

그렇다면 대출 상담사 중에 연락하기 가장 적합한 유형은 무엇일까? 자신과 아직 대출을 진행한 적 없는 대출 상담사에게 연락한다면 그리 좋은 반응을 얻진 못할 것이다. 보통은 낙찰 받기 전이라면 대출 상담사들이 적극적으로 상담에 응하지 않기 때문이다. 그들 입장에서는 열심히 상담해주더라도 문의자가 경매 물건을 낙찰 받을지 아닐지 알 수 없다. 그러니 낙찰 경험이 있는 사람이라면 한번 같이 대출을 진행해본 대출 상담사에게 문의하는 게 나을 것이다.

전업주부처럼 직접적인 소득이 없거나 프리랜서처럼 소득이 불안정한 사람이라면 자신이 대출을 받을 수 있을지 걱정될 것이다. 대출이란 근본적으로 대출을 원하는 사람의 소득을 기반으로 대출 가능액이 평가되고 그에 따라 실행되는 구조다. 그렇다면 전업주부나 프리랜서처럼 소득을 정확히 파악하기 어려운 경우에는 어떻게 해야 할까?

이럴 때는 은행에서 카드 사용금액을 통해 소득을 유추한다. 즉 정기적인 지출 금액을 감당할 수 있는지로 대출 신청자의 자금력을 추정하는 것이다. 따라서 당장 소득이나 직업이 없어도 대출 상환 능력을 평가받아 대출을 받을 수 있으니 지레 포기하지 말자. 다만 소득이 없거나 무직인 경우에는 평소 자신의 신용도에 약간 주의를 기울여야 한다. 요즘에는 네이버, 카카오뱅크, 토스 등에서 손쉽게 신용도를 확인할 수 있으니 한 번쯤 확인해볼 것을 추천한다. 휴대전화 요금을 연체하거나 갑자기 여러 개의 신용카드를 동시에 발급 또는 해지하는 등의 행동은 신용도에 영향을 끼칠 수 있다. 따라서 경매 투자를 코앞에 두고 있다면 이런 부분도 신경 쓰도록 하자.

제1금융권에서의 경매 대출

사실 제1금융권에서도 경매 관련 대출을 받을 수 있기는 하다. 문제는 제1금융권 중 경매 관련 대출을 취급하는 지점을 찾기가 쉽지 않다는 것이다. 제1금융권에서 경매 대출을 받으려면 직접 방문해 경매 대출을 신청하러 왔다고 설명하고, 관련 대출 상품을 취급하는 지점을 다시 안내받아야 한다. 운 좋게 처음 방문한 지점에서 경매 대출을 도와주는 경우도 있지만, 현실적으로 그런 지점을 찾기가 매우 어렵다.

따라서 물건 검색 또는 현장 조사 단계에서 주거래은행에 경매 대출을 한 번쯤 문의해보는 것은 괜찮으나, 낙찰 이후 약 5주밖에 되지 않는 짧은 잔금 납부 기간에 주거래은행을 통해 잔금을 조달하려는 계획은 확실히 위험하다. 다만 제1금융권 중에서 하나은행과 기업은행은 타 은행에 비해 경락잔금대출을 취급하는 경우가 많으니, 주거래은행이 이 둘 중 하나라면 사전에 방문해서 상담을 받아보면 좋을 것이다.

다가구 주택과 다세대 주택

다가구 주택, 다세대 주택이라는 말을 많이 들어보았을
것이다. 이 둘은 겉으로 보기에는 큰 차이가 없다. 법적
정의에 따르면 다가구 주택은 3층 이하, 다세대 주택은
4층 이하를 일컫지만 현실에서는 꼭 그런 것도 아니다.
다만 경매 투자자가 반드시 유의해야 하는 차이점이 하
나 존재한다.

다가구 주택은 등기부등본이 하나이며, 다세대 주택
은 등기부등본이 여러 장이다. 이것이 의미하는 바
를 쉽게 설명하자면, 다음과 같이 비유할 수 있다. 똑
같이 여덟 가구가 거주하는 다가구 주택과 다세대 주
택이 있다면, 다가구 주택은 8이고, 다세대 주택은
1+1+1+1+1+1+1+1이다. 즉 다가구 주택은 모든 가구
가 하나의 등기부등본에 실려 있지만, 다세대 주택은 가
구마다 등기부등본이 따로 나온다. 따라서 다가구 주택
은 세부적인 권리 관계를 파악하기가 까다롭다. 겉으로
보이는 8이라는 숫자 안에 권리 관계가 어떻게 엮여 있
을지 가늠할 수 없기 때문이다. 반면 다세대 주택은 세
대별로 명확하게 권리가 나뉘어 있어서 상대적으로 간

편하다.

아마 더 헷갈린다고 생각하는 독자도 있을 수 있다. 그렇다면 간단하게 이것 하나만 기억하자. 다가구 주택에 경매 투자를 해서 낙찰 받을 경우에는 대출을 받기가 매우 어렵다. 해당 다가구 주택에 거주하고 있는 사람들의 보증금을 모두 제한 뒤에 대출 가능액이 평가되기 때문이다. 다시 말해 여덟 가구가 각각 보증금 2,000만 원을 내고 거주하고 있는 다가구 주택이라면, 8×2,000만 원=1억 6,000만 원을 대출 가능액에서 제해야 한다.

만약 대출이
안 된다면

●

그런 일은 없어야겠지만 만에 하나 계획이 틀어져 대출을 받지 못할 수도 있다. 대출을 받지 못해 잔금을 납부할 수 없다면 어렵게 낙찰 받은 물건을 포기해야 하고, 입찰 보증금은 돌려받지 못한다. 이런 경우 우리가 손해를 보는 것은 보증금이 전부가 아니다. 온라인에서 물건을 검색하고 현장 조사에서 발품을 팔며 투자한 시간과 에너지는 어찌 보면 보증금보다 더 큰 손해라고 할 수 있다. (잔금이 납부되지 않은 물건은 유찰 처리되어 다시 경매 시장에 나온다.)

이때 취할 수 있는 방법을 굳이 꼽아보자면, 채무자를 찾아가 개인회생신청을 넌지시 제안해보는 것이다. 채무자가 개인회생신청을 하게 되면 일시적으로 경매 절차가 중단되므로, 잔금을 납부할 수 있는 기한이 연장된다. 말은 쉽고 간단하나 결코 쉬운 방법은 아니다.

이렇게 복잡한 절차를 제외하면 기껏 취할 수 있는 방법은 가족이나 친구와 공동투자를 하는 정도다. 사람마다 다르겠지만 공동투자는 적은 비용으로 투자를 할 수 있다는 점과 리스크를 공동으로 헷지할 수 있다는 점에서 매우 유리하다. 그러나 사공이 많으면 배가 산으로 간다는 말이 있듯, 의견이 맞지 않아 매각 또는 임대 등이 매끄럽게 진행되지 않을 수 있다는 치명적인 단점이 있다. 이런 일, 즉 대출을 받지 못해 곤경에 처하는 일은 애초에 겪지 않는 것이 최선이다. 따라서 어떻게든 대출을 성공적으로 받을 수 있도록 철저히 준비해야 한다.

Step 4.
명도 협상과 실전

낙찰 ➡ 매각허가결정 ➡ 잔금납부통지 ➡ 잔금납부 데드라
인(=소유권 이전)

앞서 살펴본 낙찰 이후 절차를 다시 한번 살펴보자. 매각
허가 결정일과 잔금 납부기일 사이에는 대략 4~6주 정도의
시간이 있다. 이때 해야 하는 가장 중요한 일은 역시 대출을
받는 것인데, 그에 못지않게 중요한 일이 있다. 바로 '명도'
다. 엄밀히 말하면, 명도는 낙찰자가 잔금을 납부한 이후에

진행해도 무방하다. 그러나 투자 수익을 내려는 투자자 입장에서는 하루라도 빨리 진행하는 것이 유리하다.

앞서 언급한 대로 명도란 한마디로 낙찰 받은 물건의 기존 점유자를 내보내는 것이다. 여기서 잠깐, 경매의 본질적 구조를 상기해보자. 경매란 채무를 갚지 못한 채무자의 부동산이 매매 대상으로 나오는 것이다. 그렇다면 해당 경매의 대상이 되는 부동산에 실소유주나 임차인이 거주 또는 사용하고 있을 가능성이 높다.

다시 말해 우리가 명도라는 과정을 거치면서 직접적으로 상대하게 되는 사람은 1) 낙찰 물건의 실소유자 겸 현재 점유자 또는 2) 낙찰 물건의 현재 임차인 겸 점유자다. 물론 누구를 상대하느냐에 따라 공식 절차가 바뀌거나 하지는 않는다. 다만 낙찰 물건의 현재 임차인 겸 점유자라면 자신이 점유하고 있는 부동산이 경매에 넘어간지 모르고 있을 수도 있다. 앞서 현장 조사를 설명하면서 살짝 언급했던 경우다.

명도 과정에서 소통해야 하는 상대가 누가 되었든 간에, 이들이 경매에 넘어갔다는 소식을 듣고 점유 물건에 대해 순순히 '방을 빼주겠다'고 하면 금상첨화일 것이다. 하지만 모르쇠로 일관하거나 나 몰라라 해버리면 매우 피곤한 상황이 발생한다.

　몇 번 강조하지만 명도란 부동산 경매 투자에 있어 매우 까다로운 절차다. 경매의 핵심은 상업성 분석도, 권리 분석도 아닌 명도라고 말하는 전문가도 있을 정도다. 이런 말이 나오는 이유는 명도란 근본적으로 사람을 상대로 하는 일종의 협상 과정이기 때문이다. 나 혼자서 열심히 분석하면 되는 과정이 아니라, 누군가와 밀고 당기기를 하며 때로는 어르고 때로는 압박하는 심리 싸움이 필연적으로 발생한다. 따라서 피곤하기도 하고 어렵기도 하다. 또한 권리 분석처럼 정해진 답이 없다. 그렇기 때문에 전문가마다 이야기하는 내용이 조금씩 다르다. 다들 각자의 경험을 토대로 자신만의 노하우를 만들었기 때문에 그 내용이 조금씩 다를 수밖에 없는 것이다.

명도의
기본 구조

•

경매 물건을 낙찰 받고 나서 가장 먼저 해야 할 일은 기존 부동산 점유자와 접촉하는 것이다. 접촉하는 방법은 직접 방문, 전화, 문자 총 세 가지가 있다. 개인적으로는 낙찰 받은 직후 바로 방문하는 것을 추천한다. 어떤 전문가는 낙찰 물건의 기존 점유자에게 2~3일 또는 최대 일주일 정도 생각할 시간을 주고 방문하는 것을 추천한다. 이런 방법은 여러 장점이 있다. 우선 점유자가 마음의 준비를 충분히 해서 차분한 마음으로 낙찰자를 대할 수 있게 된다. 또한 오히려 점유자 마음속에 '왜 바로 연락이 오지 않지?'라는 의문을 심어줌으로써 조바심이 나도록 만들어 추후 협상에서 유리한 고지를 차지할 수도 있다.

그럼에도 나는 낙찰 직후에 바로 방문하는 것을 추천한다. 투자자에게 시간은 금이기 때문이다. 하루라도 빨리 만나서 향후 계획을 논의하는 것이 투자 관점에서는 훨씬 유리하다. 예를 들어 자주 있는 일은 아니지만 기존 점유자가 경매 진행 사실에 대해 모르고 있었다면 하루라도 빨리 알려줘야 앞으로의 진행 상황에 대한 원만한 협의가 가능하다. 그렇기 때문에 시간 가치 관점에서 하루라도 빨리 방문하는 것을 추천한다.

당연한 반응이겠지만, 이렇게 바로 점유자를 방문하면 열에 대여섯은 달갑지 않아 한다. 그들에게는 좋은 일이 아닐 테니까 말이다. 따라서 초보 투자자라면 점유자를 만나기 전에 다음 사항을 다시 한번 상기하도록 하자.

첫째, 경매 물건을 낙찰 받은 우리들은 결코 채무자에게 폐를 끼치는 사람이 아니다. 오히려 받을 돈을 받지 못해 곤란한 채권자를 도와준 사람이다. 그러니 움츠러들지 말고 당당한 태도를 갖자.

둘째, 경매 물건의 기존 점유자는 경매 절차에 대해 잘 알고 있을 수도 있고, 모르고 있을 수도 있다. 내 입장만 주장하기보다는 차분히 상대방이 하는 이야기를 먼저 들어보도록 하자.

셋째, 근본적으로 명도란 낙찰자의 당연한 권리인 만큼 낙찰자에게 유리한 게임이다. 따라서 너무 조급해하지 않아도 된다. 또한 법원에서는 낙찰자가 재산권을 보장받을 수 있도록 인도명령이라는 제도를 마련해놓았다. 인도명령은 기존 점유자가 이사 가지 않고 버틸 때 낙찰자가 법원으로부터 받아낼 수 있는 집행권으로 일종의 강제집행이다.

마지막으로, 명도는 수익을 내기 위한 투자의 절차 중 하나다. 감정이나 동정심에 이끌려 미리 세운 투자 원칙을 깨뜨리지 않도록 하자. 그리고 가능하다면, 처음에는 명도 경험이 있는 사람과 동행하는 것이 좋다.

첫 방문 시 점유자를
만나지 못했다면

●

긴장된 마음을 달래며 낙찰 받은 물건의 초인종을 눌렀지만, 아무런 반응이 없는 경우도 종종 있다. 이렇게 점유자가 만나지 못한 경우에는 우선 간단한 안내 쪽지를 적어서 현관문에 붙여두고 오는 것을 추천한다. 아래 내용은 내가 실제로 붙이는 쪽지의 내용이다.

"안녕하세요. ○○○번지에 대해 금번 경매를 통해 낙찰 받은 사람입니다. 추후 절차를 논의하기 위해 귀댁에 방문했으나, 만나 뵙지 못했습니다. 뜻하지 않게 경매라는 절차를 진행하시게 되어 상심이 클 것으로 생각합니다. 향후 이사 계획에 대해 의논하고 싶으니, 아래 번호로 연락 주시면 감사하겠습니다."

앞서 말했듯이 내가 가장 추천하는 방법은 낙찰 당일 직접 방문하는 것이며, 가장 추천하지 않는 방법은 전화로 연락하는 것이다. 명도 협상의 시작은 점유자로부터 전화를 받는 것에서 시작해야 한다. 그래야 협상의 주도권을 자연스레 낙찰자가 쥘 수 있다. 따라서 낙찰 받은 물건에 방문해 점유자를 대면하는 게 어렵다고 해서 먼저 전화를 걸지 말자. 그보다는 연락처를 남겨 상대방으로 하여금 전화를 먼저 걸도록 유도하자.

명도 협상의 시작은
상대방 분석

•

앞서 간략하게 명도 과정에서 우리가 만나게 되는 상대방은 1) 낙찰 물건의 실소유자 겸 현재 점유자 또는 2) 낙찰 물건의 현재 임차인 겸 점유자라고 설명했다. 전략적인 명도 협상을 위해서는 이러한 대상을 조금 더 구체적으로 분류해볼 필요가 있다.

협상 대상 1: 소유자 또는 대항력 없는 임차인

여기서 소유자란 동시에 채무자를 의미한다. 즉 자신이 진 빚을 갚지 못해 소유 부동산이 경매로 넘어갔으므로 경매로 처분된 매각대금에 대해 소유자는 우선적으로 배당을 요구할 수는 없다. (이 매각대금은 채권자에게로 먼저 돌아간 이후 배당을 거쳐 소유자 또는 임차인에게 돌아간다.) 대항력이 없는 임차인 역시 마찬가지다. 대항력이 없기 때문에 딱히 돈을 돌려달라고 주장할 거리가 없다. 이런 경우 낙찰자는 200% 당당하게 그러나 정중하게 이사를 요구하면 된다.

이런 상황에서 핵심은 얼마나 '빨리' 이사를 내보내느냐 하는 것이다. 어떻게 하면 빨리 이사를 내보낼 수 있을까? 맞다. 돈을 주면 된다. 통상 이사비 명목으로 (낙찰 물건의 규모에 따라 다르지만) 200만~300만 원 정도 건네면 별 무리 없이 협상이 진행된다.

다만 여기서 두 가지 유의할 점이 있다. 첫째, 이사비에 대한 이야기는 먼저 꺼내지 말자. 기존 점유자가 먼저 빨리 집을 비워주겠다고 말하면 굳이 이사비를 주지 않아도 되기 때문이다. 둘째, 기존 점유자가 은근히 이사비를 요구한다면 금액을 먼저 제시하는 게 절대적으로 유리하다. 제시한 금액이 기준점이 되기 때문이다. 이사비 금액을 먼저 말하지 않고 기존 점유자에게 되레 어느 정도면 되겠냐고 물어보면, 기존 점유자가 기준을 설정하게 된다. 그러면 그 금액에서 협상해야 되기 때문에 매우 불리하다. 따라서 기존 점유자에게 자신이 명도를 많이 진행해봤고 보통 100만 원 정도 건네는데 상황을 봐서 조금 더 얹어주겠다는 식으로 회유하는 전략을 우선 고려해보자. 정리하자면, 이사비에 대해 먼저 이야기를 꺼낼 필요는 없지만, 이사비 이야기가 오간다면 금액을 먼저 제시해야 유리하다.

만약 협상이 지지부진해지고 원만하게 진행되지 않는다면 강제집행이라는 제도를 이용할 수 있다. 강제집행이란 아무런 권리가 없는 점유자가 점유물을 인도해주지 않을 때 말 그대로 강제로 퇴거시키는 것이다. 물론 이 제도를 직접적으로 이용하는 경우는 그리 많지 않다. 강제집행 바로 직전 단계라고 할 수 있는 '계고'가 있기 때문이다. 계고란 해당 부동산 내부에 들어가 강제집행이 될 수 있다는 안내문을 붙이는 일을 말한다. 실제로는 이 계고만 이루어져도 거의 대부분의 점유자가 집을 비워준다. (물론 이사비를 요구할 수 있다.)

협상 대상 2: 배당 받는 임차인

배당을 받는 임차인은 법적으로 배당 받는 날, 즉 배당기일까지 경매 물건을 거주 및 사용할 수 있다. 다만 배당을 받으려면 낙찰자의 명도 합의서가 필요하다. 임차인 입장에서는 자신이 분명히 이사를 나갔다는 사실, 낙찰자 입장에서는 명도가 온전히 이루어졌다는 사실을 확인하는 합의서가 필요한데, 기본적으로 낙찰자가 확인해줘야 한다. 임차인은 이 명도 합의서와 인감증명서를 배당기일 이후에 법원에 제출해야 비로소 배당금을 받을 수 있다. 따라서 이런 경우에는 비교적 협조적인 태도를 보이는 편이다.

다만 역시나 주의해야 할 것이 있는데, 기존 점유자가 집을 완전히 비우고 이사 갔다는 것을 두 눈으로 직접 확인한 후에 명도 합의서를 작성해주어야 한다. 조금 더 꼼꼼하게 일을 처리하고 싶다면 점유자가 이사 갈 곳의 계약서를 확인하는 것이 가장 안전하다. 혹시라도 점유자가 명도 합의서를 제출해 배당금을 받고 나서도 이사를 가지 않는다면, 굉장히 골치 아픈 일이 벌어진다. 소송 등 법적 절차를 거쳐야 하는데 정신적으로나 시간적으로나 무척 피곤할 일이 아닐 수 없다.

명도를 진행할 때 만나게 되는 상대방은 대체로 이 두 유형에 속한다. 어떤 유형의 사람을 만나든 기본적으로 명도는 낙찰자에게 절대적으로 유리한 게임이기 때문에 결코 긴장할 이유가 없다. 점유자를 만나기 전에 가볍게 호흡을 하며 긴장감을 내려놓도록 하자. 내가 1만큼 떨고 있다면 상대방은 모르긴 몰라도 20만큼 떨고 있을 것이다.

또한 처음 만났을 때는 상대방이 어떤 유형이든 우선 그들이 하려는 이야기를 들어봐야 한다. 차분히 귀를 기울이며 말투나 어조, 표정, 전반적인 분위기 등을 통해 어떤 사람인지 파악해보는 것이 중요하다. 그리고 현재 상황이 어떠하고 낙찰자인 우리가 무엇을 도와줄 수 있는지 정확히 알려주도록 하자. 만약 경매 절차에 대해 잘 모르는 사람이라면 상대방은 우리의 생각보다 훨씬 당황스러울 것이다. 당장 무엇을 어떻게 처리해야 할지도 모를 테니, 이런 경우에는 차근차근 우리가 알고 있는 선에서 도움을 주도록 하자.

명도는 결국 점유자를 내보내야 끝난다. 점유자가 조금 더 수월하게 다음 거처를 찾아나가도록 돕는 건 결국 우리 스스로를 이롭게 하는 것과 같다. 먼저 아이스브레이킹을 통해 점유자의 성격을 파악하자. 가장 이상적인 점유자는 군소리 없이 적당한 기간 안에 알아서 나가주는 사람인데, 아예 없는 것은 아니지만 솔직히 말해 매우 드문 편이다. 보통 이사비 명목으로 소정의 금액을 제공해야 한다. (이사비 협의에 관해서는 앞서 다룬 내용을 다시 한번 읽어보길 바란다.)

명도 협상의 핵심은 결국 두 가지다. 첫째, 하루라도 빨리 점유자가 이사 나갈 수 있도록 이사 일정을 잘 조율하는 것. 둘째, 우리가 줘야 하는 이사비용을 최대한 줄이는 것. 이사 일정을 잘 조율하기 위해서는 우리도 해당 점유자를 도울 필요가 있다. 여러 번 강조하지만 경매 절차는 물론이고, 기존 점유자 입장에서 어떻게 대처해야 현명한지 아낌없이 알려주자.

이사비와 이사 일정은 일종의 당근과 채찍처럼 활용 가능한 무기가 된다. 이를테면 이사비용을 조금 더 얹어줄 테니 이사 일정을 앞당겨달라는 식으로 제안하는 것이다. 이에 대해서는 낙찰자마다 자신의 상황에 맞게 융통성 있는 전략을 짜면 된다.

이사비용을 아낄 수 있는 팁을 하나 이야기하자면, 미납 관리비를 이용하는 방법이 있다. 미납 관리비를 모두 떠앉는 조건으로 이사비용을 줄이는 것이다. 이렇게 하면 미납 관리비는 양도소득세와 관련해 필요경비로 인정받을 수 있다. 즉 같은 금액을 지출하더라도 이사비로 지출하는 것보다는 미납 관리비로 지출하는 것이 낙찰자에게는 더욱 유리하니 필요시 활용하자.

이사비는 절대적으로 기존 점유자의 이사가 확실시된 이후에 줘야 한다. 이사비를 먼저 전달했는데, 이런저런 핑계를 대며 이사를 미루는 경우는 생각보다 많다. 이런 경우 굉장한 스트레스를 겪게 되니 이사비 지급은 결코 선불이 아니라는 사실을 반드시 명심하도록 하자.

명도 실전 노하우 1:
인도명령

•

앞서 간단히 이야기한 인도명령에 대해 알아보자. 인도명령이란 잔금을 완납해 소유권을 취득한 낙찰자가 자신의 권리를 원활하게 행사할 수 있도록 법원에서 낙찰자와 아무런 계약 관계가 아님에도 인도를 거부하는 점유자(다시 말해 경매 물건의 원 소유자 또는 원 소유자와 계약한 사람)에게 이사를 명령하는 것이다. 인도명령은 잔금 완납 후 6개월 안에 신청해야 한다. 경락잔금대출을 중개한 대출 상담사에게 요청하면 대출 상담 서비스의 일환으로 법원에 대신 신청해준다. 인도명령이 필요하다면 잊지 말고 꼭 신청하도록 하자. 인도명령이 승인되면 인도명령결정문이 점유자에게 송달된다.

인도명령결정문은 두 가지 기능이 있다. 첫째로, 명도 과정에서 비협조적인 모습을 보이던 기존 점유자도 법적 효력이 있는 인도명령결정문을 수령하면 태도를 바꾸는 경우가 많다. 둘째로, 명도 과정이 험난해 강제집행을 진행하고자 할 때는 기존 점유자가 인도명령결정문을 수령했을 경우에만 강제집행 신청에 필요한 송달증명원을 발급받을 수 있다.

시간 순으로 정리해보면 다음과 같다.

낙찰 성공 → 낙찰 당일 낙찰 물건 방문 → 기존 점유자와 향후 이사 계획 등에 대해 논의 → 경락잔금대출 조사 및 상담 → 경락잔금대출 진행 과정에서 (점유자가 비협조적인 태도로 나올 경우) 대출 상담사에게 인도명령 신청 → 잔금 완납 및 인도명령신청 법원 접수 → 일주일 후 인도명령결정문 발송

명도 실전 노하우 2:
점유자 유형별 대처법

●

앞서 살펴본 협상 대상 1, 2는 법적 현황에 맞춰 분류한 유형이다. 어떤 유형이 되었든 차근차근 대화를 풀어나가면 전혀 문제될 것이 없다. 그러나 다년간의 경매 투자 경험을 되돌아봤을 때 명도라는 과정에서는 여러모로 예상치 못한 일들이 종종 발생했다. 앞서 설명한 두 유형과는 별개로 명도를 진행하며 맞닥뜨리게 되는 다양한 유형의 사람들을 실무적으로 구분해보면 다음과 같다.

첫째, 돈을 요구하는 유형이다. 여기서 돈을 요구한다는 의미는 이사비를 상식 밖의 수준으로 요구한다는 것이다. 둘째, 돈을 요구한다기보다 아예 귀를 틀어막은 듯 이사를 가지 않겠다고 무작정 버티는 유형이다. 마지막으로, 아예 연락조차 닿기 어려운 유형이 있다. 하나씩 차근차근 어떻게 상황을 풀어나갈지 접근법을 살펴보자.

과도하게 돈을 요구하는 유형

상식적인 수준의 이사비는 당연히 감수해야 하지만, 과도한 금액을 요구할 때는 단호히 거절해야 한다. 절대 끌려다녀서는 안 된다. 과도하게 돈을 요구하는 유형은 근본적으로 말도 안 되는 수준의 돈을 요구한다. 통상 500만 원 이상의 이사비를 요구하면, (물론 낙찰 물건의 규모에 따라 다를 수 있겠으나) 무리한 요구라도 봐도 무방하다.

이럴 때 유용한 대처 방법이 2인 1조 전략이다. 지금 점유자를 만나러 온 '나'는 실제로는 낙찰자의 대리인이라거나, '나'와 같이 낙찰 받은 공동투자자가 있다고 말하는 것이다. 이러면서 슬쩍 내가 모든 것을 결정할 수 있는 입장은 아니지만, 최대한 점유자 편에서 상황을 조율해보겠다는 뉘앙스를 흘리면 된다. 또한 무리한 금액을 요구할 때는 해당 금액을 내가 마음대로 수용할 수는 없고, 제3자와 이야기를 나눠보겠다는 식으로 대화를 이끌어가자. 단순하지만 늘 효과적인 전략이다.

간혹 과도한 돈을 요구하는 사람들 중에 원하는 수준의 금액이 아니라면 이것저것 트집 잡아 협박의 기미를 드러내는 경우도 있다. 예를 들어 상가라면 기존 점유자가 설치해놓은 인테리어를 모두 뜯어가겠다고 으름장을 놓는 것이다. 또한 오피스텔이라면 시스템 에어컨 같은 것을 자신이 설치했으니 가져가겠다고 주장하는 기존 점유자도 있을 수 있다.

이 부분에 대해 미리 알아보지 못한 낙찰자라면 순간적으로 '점유자가 직접 비용을 지출했으니 가져가는 게 당연하겠지'라고 오해할 수도 있다. 그러나 부동산에는 부합물이라는 개념이 있다. 부합물은 말 그대로 부동산에 부합되어 거래 관념상 부동산과 하나의 물건이 된 것들을 의미한다. 부합물 여부를 결정짓는 기준은 다음과 같다.

- 훼손하지 않으면 분리할 수 없는 경우
- 분리에 과다한 비용을 요하는 경우
- 분리할 경우 경제적 가치가 심하게 감손되는 경우

위 기준을 곱씹어보면 알 수 있듯, 기존 점유자 입장에서 손쉽게 챙기기 어려운 물건들은 거의 대부분 부동산 부합물이다. 이를테면 시스템 에어컨 같은 설치형 가전은 기존 점유자 입장에서는 챙겨서 이사 나가기에 매우 까다로운 물건이다. 분리에 상당한 비용이 들어가고 약간의 훼손을 감수해야 하기 때문이다.

이런 부동산 부합물은 근본적으로 낙찰자에게 귀속된다.

따라서 만약 기존 점유자가 부동산 부합물을 가져가기 위해 부동산을 훼손한다면 형법상 「재물손괴죄」에 저촉되는 행동

내용증명이란?

내용증명이라는 단어는 한 번쯤 들어보았을 것이다. 흔히들 내용증명에 법적 효력이 있다고 오해하곤 한다. 내용증명은 근본적으로 우편 서비스에 불과하다. 발신인이 수신인에게 '언제', '어떤 내용'의 문제를 '누구'에게 발송했는지 우체국장이 증명하는 제도다. 법원이 아닌 우체국장이 증명하는 제도인 만큼 법적 효력은 없으나, 법적 자료로는 쓰일 수 있다. 또한 내용증명을 받게 되는 수신인(명도 과정 중에서는 기존 점유자) 입장에서는 상당한 심리적 압박이 된다.

내용증명을 발송하는 방법은 두 가지인데, 직접 우체국에 방문해서 진행할 수도 있고, 인터넷으로도 가능하다. 한 가지 팁을 주자면, 만약 점유자와 대화할 때 2인 1조 전략을 썼을 경우에는 내용증명을 내가 아닌 제3자의 이름으로 발송하면 좋다. 그러면 점유자가 받는 심리적 압박은 더욱 커질 수밖에 없다.

이고, 이는 곧 민법상 손해배상책임이 있음을 강조해야 한다. 이런 법적 내용을 강조할 때는 당연히 법적 용어와 판례를 섞어 전달해야 한다. 또한 현장에서 돌아오고 나서 내용증명을 발송하면 효과는 더 강력하다. 경험적으로 보았을 때, 현장에서 아무리 법적 용어를 사용해 강조하더라도 나중에 시간이 흐르면 정작 점유자는 기억하지 못하는 경우가 종종 있었다. 따라서 부합물과 관련해 이야기가 나왔다면 필히 추후에 내용증명을 발송하도록 하자.

무작정 버티는 유형

간혹가다 '배 째'라는 식으로 나오는 사람을 만날 때도 있다. 앞서 명도 협상의 일반적인 과정을 설명할 때도 잠깐 언급했는데, 강제집행 또는 계고가 필요한 경우가 바로 이런 유형이다.

강제집행은 인도명령결정문과 송달증명원 그리고 신분증과 도장을 준비해 법원 경매계의 담당 집행관 사무실에 신청하면 된다. 강제집행 신청이 이루어지면 집행관은 강제집행의 사전 준비로 현장을 조사한 뒤 강제집행비용을 산출한다. 이때 계고장 접수가 이루어지며, 아무리 버티는 사람이라도 이 정도로 상황이 진행되고 있음을 잘 알리면 대부분은 이사비 협상 단계로 넘어가고자 한다.

그럼에도 기존 점유자가 계속 버틴다면, 강제집행비용을 예납해 강제집행 절차를 개시할 수 있다. 이때 강제집행을 통해 꺼낸 물건을 보관할 장소를 법원에 알려줘야 하며, 창고보관비 3개월어치를 예납해야 한다. 강제집행 절차가 개시되면 집행관은 강제집행 실시 직전에 강제집행에 대한 안내장을 통지한다. 이것이 계고이며, 경험적으로 봤을 때 90% 이상은 이 단계에서 해결된다. 만약 그렇지 않을 때는 실제로 강제집행이 진행된다.

32평형 아파트 강제집행비용 예시

　① **집행비용 접수비:** 약 5만 원

　② **인부비용:** 8만 원×15명 =약 120만 원

　③ **계고비용:** 약 4만 원

　④ **사다리차 또는 곤도라 사용비용:** 약 15만 원

　⑤ **기타 비용:** 약 20만 원

　합계: 약 164만 원

강제집행비용은 평당 10만 원 정도이며, 이 비용을 바탕으로 이사비를 어느 정도 지급할지 따져봐도 된다. 물론 평당 10만 원이긴 하지만 막상 실제로 강제집행을 진행하게 되면 자잘한 비용이 추가로 발생하기도 한다. 여기까지 강제집행 설명을 듣고 벌써 겁먹은 독자도 있을 것이다. 그러나 실제로는 부동산 경매 투자 100건 중 1건가량으로 강제경매가 있을까 말까 한 수준이다. 여기서는 그저 알아두기만 하면 되고, 사실상 거의 진행할 필요가 없으니 너무 두려워하지 말자.

연락이 아예 닿지 않는 유형

전화와 문자를 비롯해 어떤 형태로든 점유자가 연락을 받지 않는 경우가 있다. 현실에서 이런 경우는 장기 폐문, 즉 오랫동안 집을 떠나 있을 가능성이 대단히 높다. 그러나 기존 점유자가 낙찰자의 연락을 의도적으로 피하면서, 실제로는 낙찰 물건에 아직 거주하거나 사용 중이라면 어떻게 해야 할까? 이 경우에도 인도명령결정문 내용증명 등으로 문제를 해결할 수 있다. 문제는 낙찰 받은 물건이 장기 폐문인 상태일 때다.

이럴 때는 가장 먼저 어떤 방식으로든 낙찰 물건 내부에 짐이 있는지 파악해야 한다. 짐이 따로 없는 것 같다면 성인 2명(낙찰 물건의 이웃 주민을 포함하는 것을 권한다)을 증인으로 내세워 마치 처음 열어보듯 낙찰 물건의 현관문을 열어봐야 한다. 그러고는 짐이 없다는 걸 증인들이 확인하게 하고 사진을 찍어 증거를 남겨야 한다. 즉 낙찰 받은 시점에 짐이 없다는 것을 증빙하는 자료를 만들어야 하며, 사진 촬영을 끝내야만 비로소 낙찰 물건을 사용할 수 있다.

만약 짐이 존재한다면, 조금 복잡한 조치를 취해야 한다. 우선 기존 점유자가 행방불명이라 인도명령결정문이 송달되지 않는 경우라면 법원에 불거주확인서를 첨부해 공시송달을 신청해야 한다. 이후 강제집행을 통해 기존 점유자의 짐을 모아둔 뒤, 집행관의 허가를 받고 2~3개월 정도 창고(이삿짐 센터 등)에 보관했다가 동산 경매로 환가처분한다. (환가처분은 말 그대로 자산을 현금화하는 것을 의미한다.) 이렇게 하려면 결과적으로 '인도명령-공시송달-강제집행-동산보관-동산처분'의 절차를 거쳐야만 한다. 이때 보관비는 낙찰자, 즉 우리가 먼저 지불하고 동산 경매 처분 이후에 배당을 받는 식으로 돌려받을 수 있다.

한 가지 알아둬야 할 점은 법원의 강제집행을 통하지 않고 임의로 물건을 처분하면 자칫하다 벌금을 물 수도 있다는 것이다. 즉 임의로 물건을 처분하는 과정에 기존 점유자가 나타나 자신의 짐을 함부로 건드렸다며 이의를 제기할 수 있다. 이 경우 점유자와 다시 협상을 거치거나 낙찰자가 벌금을 물게 된다. 즉 어떤 조취를 취하든 이 방법은 낙찰자의 부담이 발생할 가능성이 매우 큰 편이다.

　결론적으로 명도는 낙찰 직후부터 시작해 통상 두 달 남짓 걸리는 편이며, 이사비 명목의 위로금이 발생한다. 이사비를 강제집행비용(평당 10+α만 원 수준)보다 적게 산정해 지급한다면 낙찰자 입장에서는 충분히 합리적인 협상이라고 할 수 있다.

　마지막으로 이사비를 합리적으로 협의했다면, 대출 이자금과 이자금 납부 시기 등을 총체적으로 고려해 협의된 이사비에 웃돈을 얹어주는 대신 조금 더 빠르게 이사를 내보낼 수 있을지 한번 따져봐야 한다. 항상 나무보다 숲을 보는 연습을 하자.

성공적인 명도를 위한
핵심 포인트

•

다시 한번 강조하지만 명도의 목적은 기존 점유자로 하여금 하루 빨리 이사를 나가게 만드는 것이다. 지금까지 길게 설명한 내용은 모두 어떻게 하면 상대방으로 하여금 빨리 이사를 나가게 만들 수 있을까에 대한 것이다. 이 점을 절대 잊어서는 안 된다.

때로는 당근과 채찍을 적당히 골라 기존 점유자를 잘 구슬려야 하겠지만, 행여라도 갑질을 하면 절대 안 된다. 협상의 기본은 상대방의 입장을 이해하는 것이다. 항상 상대방의 이야기를 들어보는 것에서 시작하자. 또한 되도록 상대방을 자극하지 않는 선에서 대화를 녹취하거나 잘 기록해두자. 내용증명까지는 아니더라도 대면해서 이야기를 나눈 후에 대화 내용을 문자로 전송해 기록해두는 것은 유익한 습관이다. 마지막으로 절대로 긴장하거나 부담을 갖지 말자. 법은 낙찰자의 편이다. 대화가 잘 흘러가지 않더라도 우리에게는 인도명령신청과 강제집행이라는 법적 무기가 있다.

한 가지 재미있는 이야기를 덧붙이고 싶다. 많은 수강생이 처음 경매를 배울 때부터 물건 검색, 현장 조사, 입찰 단계를 거칠 때까지는 명도에 대해 막연한 두려움을 토로했다. 그러나 막상 원하던 물건을 손에 거머쥐며 피 같은 보증금까지 납부하고 대출을 준비하면서부터는 오히려 명도에 대한 의욕이 생겨났다. 목표 지점에 거의 다 왔으니 힘이 샘솟는 것이다. 명도만 잘 마무리하면 부동산 소유주가 될 수 있는데, 목표 지점을 코앞에 두고 포기할 사람은 아무도 없다. 그러니 스스로의 잠재력을 믿길 바란다. 우리 모두는 잘 해낼 수 있다.

Step 5-1.
효율적인 인테리어

명도까지 무사히 마쳤다면, 일단 한 숨 고르자. 부동산 경매 투자의 가장 큰 고비를 넘겼다. 각종 인터넷 사이트를 종횡무진하며 물건을 골라내고 직접 발로 뛰어 얻은 정보를 바탕으로 낙찰에 성공한 뒤 기존에 점유하고 있던 사람까지 무사히 내보내고 나면 비로소 건물주가 된 것을 만끽할 수 있다. (여담이지만, 나 역시 처음 낙찰 받고 명도까지 성공적으로 마친 뒤의 기분은 참으로 묘했다.) 그러나 여기서 끝이 아니다. 어떻게 보면 지금까지 해온 것보다 더 중요한 과정이 남아 있다. 바로 투자 수익을 회수하는 절차다.

여기서 잠깐 기본기를 다시 한번 짚어보자면, 경매는 근본적으로 권리 분석, 상업성 분석 및 입찰 그리고 명도 등 비교적 번거로운 절차를 거치는 대신, 시세 대비 상당히 저렴한 가격에 부동산을 매수할 수 있는 투자법이다. 그러나 투자는 매수에서 끝나지 않는다. 물건 검색에서 명도까지 이르기까지 지출한 비용 이상을 회수해야 투자에 성공했다고 할 수 있다.

경매로 물건을 낙찰 받고 나서 투자 수익을 회수하는, 즉 이익을 창출하는 방법에는 여러 가지가 있다. 앞서 말한 대로 단순하게 임대를 주는 방법부터 어느 정도 시간을 둔 다음 건물을 매각하는 방법도 있고, 자신이 직접 창업을 할 수도 있다.

만약 실거주를 목표로 경매 투자에 도전했다면, 명도를 성공적으로 마친 순간 초기 목표는 달성한 셈이다. 반면 투자 수익을 거두려고 한다면 어떤 방법을 선택하든 간에 꼭 해야만 하는 기초 작업이 있다. 바로 인테리어다. 인테리어는 기본적으로 자산 가치 상승의 원동력이다. 쉽게 말해 1억 5,000만 원의 가치가 있는 부동산을 인테리어를 통해 2억 원 이상의 가치로 탈바꿈할 수 있다.

이제 임대 또는 재매각이라는 투자 방법의 관점에서 이야기를 이어나가고자 한다. 방금 설명한 대로 실거주가 목적이었다면 성공적인 목적 달성을 축하한다! 하지만 앞으로 다룰 내용은 임대 또는 재매각이 아닌 창업 목적의 투자자에게도 매우 중요하다. 창업을 하더라도 기본적으로 낙찰받은 물건을 창업 분야에 맞게 인테리어하는 건 대단히 중요하기 때문이다. 따라서 창업 목적으로 투자한 사람이라도 꼼꼼하게 숙지하기 바란다.

인테리어의
핵심 포인트

●

먼저 부동산 경매 투자에서 '인테리어를 한다'는 의미를 명확하게 파악해야 한다. 임대 또는 매매의 전초 작업으로 인테리어를 할 때는 당연히 실거주 목적으로 인테리어를 하는 것과는 인테리어 내역이 구체적으로 다를 것이다. 그렇다면 어떻게 다를까?

경매 낙찰 이후 임대 또는 매매 목적으로 하는 인테리어에는 다음 세 가지 기준이 고려되어야 한다.

① 최대한 비용을 절감할 것
② 깔끔한 외관에 주안점을 둘 것
③ 하자는 모두 수리할 것

이 세 가지 관점을 하나로 모아 쉽게 표현하자면, 바로 '주부의 관점에서 생각하라'는 것이다. 보통 오피스텔, 빌라, 상가 등을 막론하고 임대차 계약의 열쇠는 남성보다는 여성(어머니, 아내, 여자 친구 등)이 쥐고 있는 경우가 많다. 보편적으로 여성이 남성보다 세세한 부분까지 좀 더 꼼꼼히 살피는 편이라서 그런 듯하다. 따라서 여성의 관점에서 인테리어에 접근해야 임대차 계약을 논할 때 훨씬 수월하게 진행할 수 있다.

여성의 관점 못지않게 투자 관점에서도 접근해야 한다. 만약 인테리어 비용이 너무 많이 들 것 같다면 투자 관점에서 옳은 선택인지 따져봐야 한다. 만약 인테리어에 돈을 최소한으로 들여야 한다면, 선택지는 두 가지다. 첫째는 그냥 청소만 하는 것이고, 둘째는 번거로움을 감수하고 할 수 있는 한 셀프 인테리어를 하는 것이다. 여기서 말하는 셀프 인테리어의 범위는 다소 모호한데, 현실적으로 깨끗하게 청소한 후에 하자 있는 곳을 수리하고 도배 정도만 해도 자산 가치는 대폭 상승한다.

중요한 것은 깔끔하게 청소하고 기본적인 하자만 수리하는 것이 1차적인 목표라는 것이다. 먼저 큰돈을 들이지 않고 자신이 직접 할 수 있는 수준의 인테리어를 알아보자.

적은 비용으로도 효과적인 가성비 인테리어

•

도배와 장판

경험적으로 봤을 때 기본적인 청소 외에 도배와 장판은 거의 필수로 진행해야 했다. 따라서 애초에 낙찰 건물의 수선 계획을 세울 때 도배와 장판은 무조건 포함하는 것이 좋다. 한 가지 팁이 있다면, 밝은 컬러를 택하면 조금 더 넓어 보이고 환해 보인다는 장점이 있다.

조명

도배를 하고 난 뒤에는 조명도 신경 써야 한다. 많은 사람이 형광등을 교체하는 정도로만 끝내는데, 새로 바꾼 도배에 맞춰 조명 스위치도 교체할 것을 추천한다. 대낮에 차단기만 내리면 조명 스위치를 안전하게 교체할 수 있다. 남자든 여자든 한두 번만 해보면 드라이버 하나만으로도 스위치를 깔끔하게 교체할 수 있을 것이다. 이때 스위치의 컬러는 도배지와 맞추는 센스를 발휘하자.

문고리와 디지털 도어락

도배와 조명을 완료했다면 문고리도 체크하자. 문고리가 덜렁거린다면 반드시 교체하는 것이 좋다. 아주 저렴한 비용으로 큰 차이를 만드는 포인트다. 이와 더불어 현관문에 디지털 도어락을 설치하면 해당 물건을 아주 매력적으로 보이게 만들 수 있다. 디지털 도어락 설치 비용은 출장 서비스를 부르지 않고 직접 한다면 10만~20만 원 내외로 그리 비싸지 않다. 특히 여성 세입자에게는 매력적으로 다가갈 수 있는 요소이니, 번거롭더라도 디지털 도어락을 반드시 고려해보자.

창문 방충망

창문 방충망도 꼭 체크해야 한다. 방충망에 훼손된 부분이 있다면 전체를 교체하지 않고 해당 부분만 수선할 수 있다. 따라서 어렵게 생각하지 말고 방충망 수선은 꼭 진행하도록 하자.

와이파이

이제는 안정적인 와이파이 신호가 얼마나 중요한지 더 이상 말할 필요가 없을 것이다. 간혹 오피스텔이나 빌라 중에 와이파이 신호가 약한 곳이 있다. 이럴 때는 사용하는 통신사에 연락하면 와이파이 신호를 증폭해주는 중계기를 무료로 설치받을 수 있다. 집주인이 직접 진행해도 되고, 세입자에게 공지해줘도 무방하다.

그 외에 신경 쓸 것

이 정도 체크했다면, 간단한 디퓨저 또는 현관에 깔끔한 매트 하나만 비치해둬도 분위기가 확 달라진다. 지금껏 설명한 내용은 큰돈을 들이지 않고 조금만 손품을 팔면 건물 컨디션을 완전히 바꿀 수 있는 요소들이다. 따라서 귀찮다고 넘기지 말고 반드시 진행할 것을 추천한다.

반면 돈이 제법 드는 요소들도 있다. 가령 벌레가 발견되는 경우가 그렇다. 이럴 때는 답이 없다. 비용이 들더라도 무조건 방역업체를 부르는 수밖에 없다. 욕실 또는 화장실 환경을 개선하는 것도 돈이 제법 든다. 타일 교체만으로도 100만 원이 훌쩍 넘어간다. 한 가지 팁을 주자면, 욕실과 화장실 컨디션이 나쁘지 않을 때는 깔끔하게 청소하고 거울만 바꿔도 분위기가 확 달라진다.

상가 역시 지금껏 이야기한 내용과 크게 다르지 않다. 굳이 차이점을 이야기하자면, 상가는 도배 대신 페인트로 갈음할 수 있다. 시트지를 활용하는 방법도 있으니 어렵지 않게 도전해보자.

본격적인 인테리어와
업체 찾는 법

•

인테리어를 처음 하는 사람 입장에서는 어디서부터 어떻게 알아봐야 할지 고민이 될 것이다. 기존에 알고 있는 인테리어 업체가 있다면 꽤 도움이 된다. 다행히도 알고 있는 업체와 일정과 지역이 잘 맞는다면 그 업체와 진행하는 게 여러모로 편리하다. 새로운 업체를 찾는 데 상당한 시간이 걸리기 때문이다. 투자자에게 시간은 황금보다도 소중하다는 사실을 결코 잊지 말자.

인테리어 업체를 새로 찾아봐야 한다면, 인터넷 사이트에서 견적을 받아보는 것으로 시작할 수 있다. 보통은 온라인 견적 사이트에 낙찰 물건의 사진을 업로드하면 기본 견적을 받을 수 있다. 일단 이렇게 기본 견적을 5개 이상 받아두고 나서 업체들과 소통을 시작하면 된다. 중요한 것은 인테리어 업체의 실력인데, 실력을 판단하려면 업체에 인테리어 포트폴리오를 요구해야 한다. 오프라인에서 인테리어 업체를 찾는 방법도 있다. 현장 조사 과정 중에 소통하게 된 공인중개사에게 인테리어 업체를 소개해 달라고 요청하는 것이다. 물론 이때도 포트폴리오를 반드시 확인해야 한다.

한 가지 더 조언하자면, 인테리어 공사를 진행하게 되면 적어도 한 번쯤 현장에 방문해 꼼꼼하게 지켜봐야 한다. 인테리어가 잘되어가는지 확인하기 위한 목적도 있지만, 눈으로 직접 인테리어 전후를 살펴보면 어느 정도의 인테리어로 얼마나 달라지는지 감이 생긴다. 이렇게 감이 생기면 향후 현장 조사를 다닐 때 인테리어 비용에 돈을 얼마나 들여야 물건의 가치가 올라갈지 판단하는 데 도움이 된다. 즉 상업성 분석력을 키울 수 있다.

주의해야 할 점은 어떤 인테리어든 공사가 끝나고 나면 무조건 사진을 꼼꼼하게 촬영하고 영상으로도 남겨야 한다는 것이다. 그래야 요청한 대로 인테리어가 안 된 부분을 확인하고 인테리어 업체에 관련 사항을 요구할 수 있다. 중요한 사항이니 잊지 말자.

Step 5-2.
세입자 찾기와 관리

청소만 하고 마무리하든, 세세한 곳까지 인테리어 공사를 하든 물건의 가치를 최대로 끌어올렸다면 이제는 세입자를 찾아야 한다. 경매로 낙찰 받은 물건을 청소 정도만 하고 바로 재매각해 수익을 얻는 사람도 있으나, 이런 경우는 현실적으로 드물다. 여러모로 조건이 잘 맞아야 하기 때문이다. 일반적으로는 임대차 계약을 맺어 세입자로부터 받은 임대소득으로 대출 이자를 충당하다가 적당한 시점에 매각하는 것이 수순이다.

수익 창출의 마지막 단계,
세입자 찾기

•

세입자를 찾는 대표적인 방법은 역시 부동산 사무소에 연락하는 것이다. 임대를 내놓을 물건을 햇볕 좋은 날에 최대한 넓어 보이게 촬영한 뒤, 현장 조사 중 소통했던 공인중개사에게 연락해보자. 이때 연락하는 공인중개사 수는 많으면 많을수록 좋다. 또한 해당 지역의 공인중개사에게만 연락하지 말고 가능하다면 인근 지역에도 물건을 내놓도록 하자. 드물긴 하지만 간혹 인근 지역 공인중개사를 통해 세입자를 구하게 되기도 한다.

임대 조건은 사실 이 시점에서 이미 결정되어 있다. 경매 전 과정에서 투자한 내역과 대출 현황 등을 고려해 최대한 손해가 나지 않는 금액으로 미리 정해놔야 한다. 많은 공인중개사가 중개 과정에서 임대료를 낮추면 어떻겠냐고 물어볼 것이다. 임대차 계약이 바로 체결되면 아무런 문제가 없겠지만, 시간이 좀 걸리면 초조해지고 임대 조건을 완화해야겠다는 데까지 생각이 미칠 것이다. 이럴 때 가장 먼저 고려해야 할 것이 임대 기간이다. 월세를 낮추는 대신 임대 기간도 줄여서 월세를 최대한 빠르게 올릴 수 있는 여지를 만들어야 한다. 또는 월세를 낮추는 대신 선납을 요청하는 방법도 있다. 6개월치나 1년치 월세를 아예 일시불로 미리 받아서 이를 재투자에 활용하는 것이다. 충분히 고려해볼 만한 방법이다.

임대차 계약이 쉽게 성사되지 않는 원인 중 하나는 옵션에 있기도 하다. 에어컨, 냉장고, 세탁기, 신발장 등 옵션을 요구하는 임차인은 흔하다. 옵션에 대해서는 어느 정도는 관대하게 접근하는 것이 좋다. 예를 들어 에어컨을 설치해주는 것이 비용 지출로 느껴질 수 있으나, 결국 에어컨은 나의 자산이 된다. 또한 향후 다른 임차인을 맞게 될 때도 경쟁력이 되니 이득이다.

세입자
관리 노하우

•

앞서 언급한 임대 기간을 줄이는 것 외에도 알아두면 유용한 세입자 관리 노하우를 소개하도록 하겠다. 이를 숙지해두면 훗날 세입자를 대하는 데 있어 융통성 있게 대처할 수 있을 것이다.

원상복구 조항

첫째, 원상복구 조항이다. 많은 사람이 놓치는 부분인데, 원상복구조항은 각종 임대차 계약서에 이미 기본 조항으로 들어가 있다. 이 조항은 앞에서 언급한 대로 인테리어 후 물건 컨디션을 명확하게 증거로 남겨두었을 때 큰 힘을 발휘한다. 물론 세입자와 계약을 하기 전에 다시 한번 물건 곳곳을 함께 체크하면 이후에 혹시 모를 오해로 불미스러운 일이 일어나는 걸 방지할 수 있다.

원상복구 조항에 관해서 늘 나오는 질문 중 하나가 바로 반려동물이다. 요즘 반려동물과 함께하는 인구가 갈수록 많아지고 있으며, 나 역시 반려동물을 너무나 사랑하는 사람이다. 경매 투자의 세계에 뛰어들기 전에는 반려견 관련 사업을 했을 정도다. 다만 일부 반려동물이 임대 물건에 하자를 일으키는 것은 분명한 사실이다. 아무리 원상복구 조항이 있다고 하더라도, 사람이 일이라는 게 늘 그렇듯 임대차 계약이 종료될 시점에 가면 임차인에게 이런저런 복구 요청을 하는 게 쉽지 않을 수 있다. 모든 반려동물이 하자를 일으키는 건 아니기에, 여기서 하나의 원칙을 정하기는 어렵다. 반려동물을 둔 세입자와 어떤 식으로 계약할지는 각자 판단에 따라 진행하는 것이 옳은 듯하다.

연체 관련 조항

둘째, 연체 관련 조항을 체크해야 한다. 연체 관련 조항은 원상복구 조항과 마찬가지로 계약서에 있는 기본 조항이며, 월세를 3회 이상 이체했을 시 계약을 해지할 수 있음을 의미한다. 이에 더해 1회라도 연체 시 법정최고이자율 수준인 20%의 연체 이자를 청구할 수 있다는 특약을 넣는 방법도 있다. 월세로 대출 이자를 충당해야 하는 투자자에게 한 달이라도 월세가 연체되는 것은 치명적이다. 그런 위험을 막을 수 있는 유일한 방법이 연체료를 받는 것이다.

이런 특약을 넣으면 임대차 계약이 불발되지 않을까 걱정하는 사람도 있을 것이다. 경험적으로 봤을 때 부동산이 마음에 들면 많은 세입자가 특약을 잘 신경 쓰지 않았다. 특약은 특약일 뿐, 해당 세입자가 월세를 제때 낸다면 아무런 의미가 없는 조항이기 때문이다.

제소전화해 제도

셋째, 주로 상가임대차 계약에서 활용하기 좋은 '제소전화해(提訴前和解)' 제도다. 말 그대로 세입자와 불미스러운 일이 발생해 소송으로 이어지기 전에 법원을 통해 화해하는 제도다. 제소전화해가 성립되면 제소전화해조서 작성으로 이어지는데, 이 화해조서는 확정판결과 같은 효력이 있으며 이를 통해 강제집행까지 진행할 수 있다.

세입자와 어떤 문제가 발생해 법원에까지 가게 되면 통상 민사소송을 거쳐야 하는데, 이럴 경우 최소 6개월 이상의 시간이 걸린다. 어마어마한 금전적, 시간적 스트레스를 받게 된다는 의미다. 반면 제소전화해 제도를 이용하면 대략 3개월 안에 상황을 종료할 수 있다. 제소전화해조서 작성은 상가임대차 계약과 관련해 점점 늘어나고 있는 추세이니 반드시 숙지해두도록 하자.

제소전화해조서를 작성할 때는 몇 가지 유의해야 할 점이 있다. 먼저 제소전화해를 신청하면 화해기일까지 한 달 이상이 걸린다. 이 기간 동안 계약 내용이 변경되면 기존에 작성한 제소전화해조서는 효력을 상실한다. 또한 법원에서 보기에 납득할 수 없는 조항 역시 효력이 발생하지 않는다. 대표적으로 '갱신요구권 포기', '권리금 포기', '강제집행' 이 세 가지가 효력이 발생하지 않는 제소전화해 조항이다.

예를 들어 계약 종료 이후 세입자는 계약 갱신이 불가하며 즉시 건물주에게 건물을 인도해야 한다는 것과 같은 조항은 법원에서 인정받을 수 없다. 또한 강제집행을 진행할 일이 있다고 하더라도 법원에 신청해 법적 절차를 받아야만 가능하며, 임대인이 임의로 물리력을 행사하는 강제집행을 진행할 수는 없다.

공인중개사에게만 전부 맡기지 말자

앞서 공인중개사와의 소통을 자주 언급했지만, 그렇다고 해서 부동산 사무소를 전적으로 믿고 있어서는 안 된다는 사실을 강조하고 싶다. 모든 계약은 계약을 체결하는 당사자가 직접 관리해야 한다. 인터넷 카페나 웹사이트 등을 통해 부동산 사무소를 끼지 않고 직거래를 하는 경우에는 임대인 입장에서 사실상 크게 신경 쓸 것은 없다. 다만 임차인 입장에서는 등기부등본 확인 등 잘 모르는 경우가 있을 수 있으니, 이럴 때는 친절하게 안내해주고 계약 과정을 투명하게 진행하길 바란다.

기존 점유자의 재임대

기존 점유자가 재임대를 희망하는 경우도 있다. 사실 기존 점유자가 그대로 눌러앉는다면 낙찰자인 우리 입장에서도 여러 번거로움이 한 번에 해결된다. 인테리어를 새로 할 필요도 없고 새로 임차인을 구할 필요도 없으니 말이다. 기존 점유자 입장에서도 여러모로 편리할 테니 양측 다 '윈윈'할 수 있는 상황이라고 생각하기 쉽지만, 그럼에도 신중하게 접근해야 한다.

결론부터 말하자면, 경험적으로 봤을 때 기존 점유자의 재임대는 추천하지 않는다. 언젠가는 기존 점유자가 재임대를 마치고 떠나는 때가 올 것이다. 그러면 새로운 임차인을 찾아서 임대차 계약을 맺거나, 해당 물건을 아예 매도하게 된다. 이때 해당 시점의 임차인, 즉 기존 점유자의 말 한마디로 계약이 좌지우지되기도 한다. 예비 매수자 또는 예비 임차인 입장에서는 해당 물건을 실제로 점유하고 사용하던 사람에게 주변 상권, 건물 컨디션 등을 물어볼 수밖에 없기 때문이다. 해당 물건을 점유하고 있는 사람에게 당연히 몇 가지 물어볼 만하다. 하지만 그간의 경험에 비춰 봤을 때, 기존 점유자가 긍정적인 이야기를 하는 경우는 적고 외려 부정적인 이야기를 하는 경우가 많았기 때문에 우려스럽다. 당연히 '케이스 바이 케이스'겠지만 기존 점유자가 재임대를 희망한다고 해서 바로 결정하지 말고 신중하게 살펴보도록 하자.

임대사업자 제도

경매 투자를 하면서 한 번쯤 마주하게 되는 것이 임대사업자 제도다. 임대사업자 제도에 대해서 구체적으로 설명하자면 몇 페이지를 써도 모자랄 정도다. 결론만 이야기하자면 임대사업자는 장점도 있지만 단점도 많은 제도다. 또한 관련 법령과 법규가 수시로 바뀌므로 주의가 필요하다. 따라서 해당 제도에 대해서는 각자 상황에 맞게 찾아보고 수시로 변동 사항을 체크하길 바란다. 특히 주택임대사업자는 득실 계산을 매우 신중하게 해야만 한다. 만약 경매 투자의 규모를 지속적으로 확대해나갈 계획이라면 임대사업자 제도 못지않게 법인을 만드는 것 역시 고려해보길 권한다.

이 장에서는 경매 투자 실력을 극대화하기 위한 실전 투자 사례를 공유하고자 한다. 단순히 임대소득을 창출한 사례와 공동투자 등 특수 사례, 기발한 아이디어로 사업을 한 사례와 더불어 나의 뼈아픈 실패 사례까지 공유한다. 사례별로 최대한 객관적인 상황 정보를 먼저 제시하고, 나의 투자 의사결정 포인트, 실제 투자 결과와 깨달은 점도 담았다. 투자 사례의 성패 부분을 바로 읽기보다는 주어진 상황에서 여러분이라면 어떤 의사결정을 할지 한번 생각해보고 나의 의사결정 내용과 비교해보길 바란다.

Chapter 4.

*

실전 투자 사례로 보는
케이스 스터디

레벨업 케이스 스터디 1.
광명시 주거상권 코너 지하상가

첫 번째로 소개할 경매 투자 사례는 경기도 광명시 하안동에 있는 한 지하상가다. 경매 정보에 따르면 전용면적 185.16평(612.09m²)에 대지권이 75.13평(248.36m²)이었다. 자세히 살펴보도록 하자.

앞서 배운 대로 권리 분석부터 진행해야 한다. 권리 분석을 해보니 최우선순위 설정일자인 말소기준권리는 2018년 11월 1일자 근저당이었다. 후순위 세입자는 2019년 11월 15일 기준으로 보증금 1억 원에 월세 500만 원이었다. 결론

| 광명시 지하상가 경매 정보 |

출처: 로드옥션

| 광명시 지하상가 매각물건명세서 |

1,000만 원으로 건물주 되는 부동산 경매

| 광명시 지하상가 위치 |

출처: 네이버 지도

적으로 권리 분석상 하자는 없었다. 문제가 없으니 이제 온라인 임장을 떠나볼 차례다. 네이버 지도를 열고 전반적인 상권을 한번 살펴보았다.

먼저 인근에 매우 큰 아파트 단지가 있었다. 이러한 곳에 형성된 상권을 흔히 주거형 상권이라고 하는데 해당 물건은 주거형 상권에서도 코너 자리에 위치해 있다. 주거형 상권인데다 코너 자리라는 것은 유동인구가 상대적으로 많을 수밖에 없다는 뜻이다. 일단 인터넷 조사로만 봐서는 상권 자체는 매력적인 것 같다. 그렇다면 얼른 현장 조사를 진행해야 한다.

역시 예상대로 상권은 매력적이었다. 하지만 건물은 상당히 노후된 상태였다. 1층 주차장에서 발생한 누수로 인해 지하에 물이 새는 곳이 꽤 있었고, 옥상에도 방수 처리를 해야할 것 같았다. 즉 낙찰 이후에 추가 비용이 발생할 여지가 있었다.

해당 건물의 세입자는 흔히 말하는 다단계식 잡화상으로 동네 할아버지, 할머니들을 불러 모아 옥장판 등을 판매하는 업체였다. 모르긴 몰라도 세입자와 대화를 풀어나가기가 쉽지 않을 것 같다는 느낌이 들었다.

해당 건물 관리실에 들러 소장님과 이야기를 나누며 이런저런 동향을 파악해봤다. 코로나19가 유행하기 전까진 세입자가 하던 업체는 잘나가는 편이었다고 한다. 동종업계에서 손꼽히는 매출을 기록할 정도였다. 하지만 내가 찾아갔을 무렵에는 관리비를 장기 연체할 정도로 상황이 나빠졌다고 한다. 이 말은 즉 명도를 진행할 때 원만하게 응해주기보다는 이사비 등을 과도하게 요구할 가능성이 있다는 뜻이다.

이후 인근 부동산 사무소에 들러 시세에 대한 자료를 수집했다. 수집 자료를 토대로 분석한 결과, 보증금 1억 원에 월세 500만 원이면 충분히 임차인을 구할 수 있겠다는 확신이 생겼다. 이를 토대로 역산해보니 8억 5,500만 원에 입찰해야 낙찰 받을 수 있겠다는 계산이 나왔는데, 대출을 끼더라도 약 2억 원을 투자해야 하는 상황이었다.

투자 의사결정
포인트

●

- **위치:** 경기도 광명시 하안동 지하상가
- **면적:** 전용면적 185.16평, 대지권 75.13평
- **상권 및 입지:** 주거형 상권 코너 자리. 해당 지역 안에서 유동인구가 확실히 많은 편.
- **물건 상태:** 건물 노후화 및 일부분 누수 발생
- **최저 입찰가:** 8억 5,500만 원, 자기자본금 약 2억 원 필요
- **예상 임대차 조건:** 보증금 1억 원 / 월세 500만 원
- **기타:** 명도 난이도 매우 높을 것으로 예상(장기 연체된 관리비 존재)

이 같은 조건 속에서 어떤 투자 의사결정을 할 수 있을까?

A. 과거의 경매 투자 초보 김 대표

- "일단 지하상가는 낙찰을 받아도 뭘 하기가 어려워. 심지어 누수 문제까지 있네."
- "자본금 2억 원도 부담되는데, 대출 이자를 과연 감당할 수 있을까?"
- "명도가 쉽지 않아 보이는데, 결국 낙찰 받고 말짱 도루묵이 되면 어떡하지?"
- "185평이나 되는데, 임대가 안 되면 어떡하지? 너무 커도 임차인 구하기가 쉽지 않을 것 같은데. 관리비도 만만치 않을 거고."
- "심지어 장기 연체 관리비까지 있네!"

B. 지금의 김 대표

- "상가 지하는 기본적으로 사람들이 기피하는 만큼 낙찰 가능성이 일반 상가에 비해 훨씬 높지!"
- "전용면적이 185.16평이나 되는 만큼 규모가 상당하네. 이 정도 규모면 일반인은 거의 들어오지 않을 거야. 일반인 입장에서는 이런 상가를 낙찰 받아도 이후에 사업을 벌리기가 쉽지 않거든."

- "그렇다면 결국 이 물건을 낙찰 받은 후에 어떤 임차인을 들일 수 있을까? 지하에서 이 정도 규모가 필요한 사업이 뭐가 있을까?"
- "헬스클럽, 스크린골프장 같은 것들이 있겠네! 주변 상권에 이런 것들이 있나 다시 한번 확인해봐야겠다."
- "그건 그렇고, 명도는 어떻게 하지? 좀 까다롭긴 하지만, 인도명령이 있으니까 결국 시간이 흐르면 유리한 건 나지, 뭐."
- "자본금 2억 원을 투자하고 나머지는 대출을 받더라도 임대 놓으면 보증금 1억 원에 월세 500만 원은 받을 수 있겠네. 그럼 실제로는 내가 1억 원을 투자하고 월세를 300만 원 정도 받을 수 있구나. 1억 원 투자에 연 3,600만 원이면 수익률이 나쁘지 않네."
- "이 정도면 연체된 관리비나 누수 문제를 해결하더라도 충분히 수익성이 있다고 할 수 있겠네!"
- "거기다 대지권까지 있네. 대지권은 나중에 재개발이 되면 대물보상이든 현금보상이든 쏠쏠하지!"

투자 결과와
교훈

●

결과적으로 해당 물건에 입찰해 낙찰 받게 되었다. 초기 계획대로 임차인을 구하는 과정에서 스크린골프장 운영을 희망하는 사람을 만났으나, 부동산 사무소를 통해 매수 의사를 밝힌 사람이 나타나서 그분에게 매도했다. 결과적으로 세전 2억 원이 넘는 수익을 창출할 수 있었다.

　이 사례를 통해 내가 배운 것은 다름 아닌 '지하상가'의 매력이었다. 일반적으로 남들이 기피하는 물건에는 분명히 그럴 만한 이유가 있다. 그러나 그 이유를 반대로 생각해보면 새로운 기회를 발견할 수 있다. 평소 내 지론이기도 했지만, 이 사례를 경험하면서 다시 한번 실감할 수 있었다.

레벨업 케이스 스터디 2.
부천시 지하 1층 목욕시설

두 번째 투자 사례도 살펴보자. 이번엔 경기도 부천시 지하 1층에 위치한 전용면적 211.49평(699.14m²)의 경매 물건을 발견했다. 지하 1층에 전용면적이 211평이나 되어서 용도가 무엇인지 확인해보니 '목욕시설'이었다. 경매 최저 입찰가는 26억 원으로 상당히 큰 금액이었지만, 일단 매각물건명세서를 한번 살펴보았다.

다음에 실린 매각물건경매서를 보면 알 수 있듯, 매각물건명세서를 토대로 권리 분석을 해보니 큰 이상이 없다는 걸

| 부천시 지하 1층 목욕시설 경매 정보 |

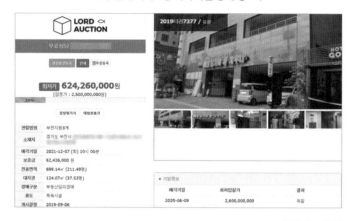

출처: 로드옥션

매각기일	최저입찰가	결과
● 기일정보		
2020-06-09	2,600,000,000	유찰
2020-07-14	1,820,000,000	유찰
2020-08-18	1,274,000,000	유찰
2020-09-22	891,800,000	변경
2021-06-01	891,800,000	유찰
2021-07-06	624,260,000	변경
2021-09-28	624,260,000	매각
2021-10-05	매각결정기일	
2021-11-12	대금지급기한	미납
2021-12-07	624,260,000	매각 (1,300,000,000원)
2021-12-14	매각결정기일	

| 부천시 지하 1층 목욕시설 매각물건명세서 |

■ 매각물건명세서

사건	2019타경7377 부동산임의경매		매각물건번호	1	담임법관(사법보좌관)
작성일자	2021-11-22		최선순위 설정일자	2014.10.30. 근저당	
부동산 감정평가액 최저매각가격의 표시	부동산표시목록 참조		배당요구종기	2019-11-18	

부동산의 점유자와 점유의 권원, 점유할 수 있는 기간, 차임 또는 보증금에 관한 관계인의 진술 및 임차인이 있는 경우 배당요구 여부와 그 일자, 전입신고일자 또는 사업자등록신청일자와 확정일자의 유무와 그 일자

점유자의 성명	점유부분	정보출처 구분	점유의 권원	임대차기간 (점유기간)	보증금	차임	전입신고일자 사업자등록신청일자	확정일자	배당요구여부 (배당요구일자)
○○○	지하복1층 41.61㎡	현황조사	점포		2,000,000	250,000	2016.01.04		

비고
·

■ 최선순위 설정일보다 대항요건을 먼저 갖춘 주택,상가건물 임차인의 임차보증금은 매수인에게 인수되는 경우가 발행될 수 있고, 대항력과 우선 변제권이 있는 주택,상가 건물 임차인이 배당요구를 하였으나 보증금 전액에 관하여 배당을 받지 아니한 경우에는 배당받지 못한 잔액이 매수인에게 인수되게 됨을 주의하시기 바랍니다.

■ 등기된 부동산에 관한 권리 또는 가처분으로 매각허가에 의하여 그 효력이 소멸되지 아니하는 것
해당사항 없음

■ 매각허가에 의하여 설정된 것으로 보는 지상권의 개요
해당사항 없음

■ 비고란
1.목욕장(여로 불가마 혹사우나)으로 이용중임 2.본건(지1층 비101호)은 지하1층 및 지하복1층의 복층구조로 되어있음 3.본건 내 설치된 목욕장(사우나)의 영업에 필요한 시설 및 부대설비 등은 본건에 포함됨가됨 4.특별매각조건 매수신청보증금 최저매각가격의 20%

바로 알 수 있었다.

이제 상업성을 한번 들여다볼 차례다. 인터넷으로 하는 상업성 분석의 첫 걸음은 상권 및 교통편 확인이다. 즉 주변에 어떤 상권이 있고, 지하철역과 버스정류장은 얼마나 가까운지 확인해야 한다.

지도에서 볼 수 있듯 해당 물건은 지하철역 입구와 매우 가까운 초역세권에 있었다. 초역세권인 만큼 인근 유동인구는 크게 걱정할 필요가 없을 것으로 판단했다.

일단 현장 조사를 하며 물건을 살펴보기로 했다. 알고 보니 해당 물건은 코로나19로 인해 영업을 중단한 사우나 건

| 부천시 지하 1층 목욕시설 위치 |

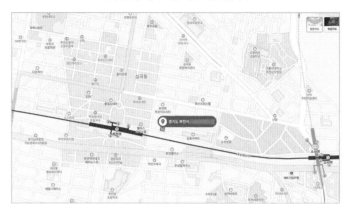

출처: 네이버 지도

물이었다. 다행히 관리실의 도움을 받아 내부를 면밀히 체크해볼 수 있었다.

　내부는 이미 오래전부터 단전되어 있던 상태였다. 코로나 19로 인한 갑작스러운 폐업이었기에 목욕 관련 설비는 물론이고 인형뽑기 기계까지 내부 시설이 그대로 남아 있었다. 전체적인 상태는 생각보다 깔끔했다. 한 가지 아쉬운 점은 왠지 모르게 분위기가 어둡고 생기가 없어 약간 으스스한 느낌이 든다는 것이었다.

투자 의사결정
포인트

•

- **위치:** 경기도 부천시 심곡동 지하 1층(지하철역 1분 거리)
- **면적:** 전용면적 211.49평, 대지권 37.53평(124.07㎡)
- **용도:** 목욕시설
- **상권 및 입지:** 유동인구 많음. 버스터미널, 영화관 등 주요 시설 밀집해 있음.
- **물건 상태:** 건물 연식은 오래되지 않았고, 컨디션은 나쁘지 않지만 내부 분위기가 어두움
- **최저 입찰가:** 6억 2,426만 원
- **기타:** 건물 위 오피스텔은 모두 입주 완료된 상태

A. 과거의 경매 투자 초보 김 대표

- "지하에 목욕시설? 애매하다. 내가 이걸 낙찰 받으면 사우나를 운영해야 하는 건가?"
- "분위기가 너무 어수선한데? 그리고 건물 느낌도 영 안 좋아."
- "무엇보다 가격이 좀 부담되네."

- "매달 관리비가 최소 100만 원이고, 연체 금액도 5,000만 원이나 된다니."
- "평수가 너무 크고 매달 이자도 부담된다."

B. 지금의 김 대표

- "생각해보자. 지하에다 건물 느낌이 안 좋다. 이건 다시 생각해보면 경쟁자가 별로 나타나지 않을 거라는 시그널이네."
- "목욕시설이라. 그런데 주변에 버스터미널이 있네? 야간 버스를 이용하는 사람 중에 찜질방을 가고 싶어 하는 사람이 좀 있지 않을까? 마침 주변에 목욕탕이 하나도 없네."
- "일단 그럼 낙찰을 받고 정 안 되면 내가 직접 사우나를 운영해보자!"
- "만약에 안 되면 PC방, 헬스클럽, 마트 등 지하에 할 수 있는 업종을 운영하거나 시설을 바꿔보자!"

투자 결과와
교훈

•

초보 투자자 시절이었다면 나는 이 물건을 분명 포기했을 것이다. 그러나 실력을 웬만큼 쌓은 지금은 'NPL'이라는 방법이 있다는 것을 알고 있다.

NPL은 한마디로 부실채권이다. 부동산을 소유한 사람이 자신의 부동산을 담보로 은행에서 대출을 받을 때 은행은 해당 부동산을 담보로 잡아 근저당을 설정하며, 이렇게 근저당 채권이 만들어진다. 그리고 그 부동산의 가치에 준해 부동산 주인에게 돈을 빌려주고 이자를 받는다.

그런데 만약 돈을 빌린 채무자가 이자를 3개월 이상 납부하지 않으면 근저당 채권은 부실채권, 즉 NPL이 된다. 은행은 영업에 차질이 없도록 부실채권을 처리하고자 한다. 처리 방법은 이런 NPL을 일정 조건이 되는 대부업체에 매각하는 것이다. 그럼에도 부실채권이 매각되지 않는 경우에는 이 물건처럼 경매, 공매 등을 통해 매각 처리된다.

나는 이 NPL에 주목했다. 저축은행이 갖고 있던 채권(근저당) 약 13억 7,000만 원을 할인받아 약 8억 원에 매입할 수 있었다. 이후 이 물건에 관심을 가지고 경매 입찰 의사를 보인 사람(이하 'A')을 만나 계약을 맺었다. 만약 A가 13억 원에 낙찰 받으면 내가 배당 받게 될 금액(은행의 근저당 채권액)인 약 13억 5,000만 원에서 일정 금액을 지원해준다는 계약이다. A는 입찰에 성공해 해당 물건을 낙찰 받았고, 사전에 계약한 대로 나는 배당 받은 금액의 일부를 낙찰자 A에게 지급했다. 쉽게 말해 나는 NPL을 활용해 내가 아닌 다른 경매 투자자 A가 낙찰을 받게 했고, 결과적으로 상대방에게 약속한 금액을 주고도 2억 원 정도의 이익을 얻었다.

이 투자 사례를 통해 내가 얻은 교훈은 두 가지다. 첫 번째는 금액이나 용도 등 한 가지 이슈로 인해 지레 포기하지 말아야 한다는 사실이다. 무엇이든 차분하게 생각해보면 좋은 방안을 찾을 수 있다는 사실을 잊지 말아야 할 것이다.

두 번째는 새로운 사업에 늘 열린 마음을 가져야 한다는 사실이다. 솔직히 말해 해당 투자가 끝나고 나서, 나는 꽤 성공적이었다고 자평했다. 그러나 낙찰 물건이 낙찰자 A의 손에서 어떻게 바뀌어가는지 보면서 마치 황금알을 낳을 거위를 놓쳐버린 듯한 기분이 들었다. 원래 사우나를 직접 운영해보려던 A는 이후 반려견 수영장이라는 신사업에 도전했다.

어찌 보면 나는 주당 100만 원까지 갈 수 있는 주식을 10만 원에 팔아버린 셈이 됐을 수도 있다. 목욕탕이라는 물건은 아파트, 오피스텔, 빌라 등에 비해 쉽게 보기 어려운 물건이다. 이런 물건을 잡을 기회가 온다면, 까다로운 물건이니 서둘러 처리하려고만 생각하지 말고, 귀한 물건인 만큼 어떤 사업을 펼쳐볼지 도전정신을 발휘해보자.

반려견 수영장이라니 얼마나 유망한 사업인가! 나로서는 웬만큼 경매 투자에 잔뼈가 굵었다고 잠시 현실에 안주하고 있었던 것은 아닌지 스스로를 돌아보는 계기가 되었다.

레벨업 케이스 스터디 3.
판교 오피스텔 공동투자

이제 마지막 사례를 살펴보자. 경기도 성남시 분당구 삼평동에 있는 오피스 빌딩 중 오피스텔 2건이 경매 시장에 등장했다. 분당구 삼평동이라는 지역이 생소할 수 있으나, 이 지역은 다른 이름으로 더 유명하다. 바로 판교! 그 핫한 판교가 바로 이곳이다. 한국의 실리콘밸리라 해도 과언이 아닌 판교에 경매 물건이 나타났다니 관심을 갖지 않을 이유가 없었다. 다음 경매 정보를 한번 들여다보도록 하자.

| 판교 오피스텔 경매 정보 |

소재지	경기도 성남시 분당구			도로명검색	지도	지도	주소복사

오늘조회: 1 2주누적: 0 2주평균: 0 조회동향

물건종별	오피스텔	감정가	2,920,000,000원	구분	매각기일	최저매각가격	결과
				1차	2015-08-17	2,920,000,000원	유찰
대지권	158.32㎡(47.89평)	최저가	(49%) 1,430,800,000원		2015-09-21	2,044,000,000원	변경
				2차	2015-11-30	2,044,000,000원	유찰
건물면적	506.99㎡(153.36평)	보증금	(20%) 286,160,000원	3차	2016-01-04	1,430,800,000원	매각

매각 2,110,000,000원(72.26%) / 6명 / 미납
(차순위금액: 1,626,900,000원)

매각물건	토지·건물 일괄매각	소유자	(주)	4차	2016-04-18	**1,430,800,000원**	

매각: 2,300,000,000원 (78.77%)

개시결정	2015-02-06	채무자	(주)

(입찰3명,매수인:김○○ /
차순위금액 1,650,000,000원)

매각결정기일 : 2016.04.25 - 매각허가결정

대금지급기한 : 2016.05.24 - 기한후납부

사건명	임의경매	채권자	중소기업은행

배당기일 : 2016.09.22

배당종결 2016.09.22

출처: 옥션원

| 판교 오피스텔 매각물건명세서 |

* 매각물건명세서

사건	2015타경2708 부동산임의경매	매각물건번호	1	담임법관(사법보좌관)	
작성일자	2016-06-08	최선순위 설정일자	2011. 6. 27.근저당권	
부동산 감정평가액 최저매각가격의 표시	부동산표시목록 참조	배당요구종기	2015-05-06	

부동산의 점유자와 점유의 권원, 점유할 수 있는 기간, 차임 또는 보증금에 관한 관계인의 진술 및 임차인이 있는 경우 배당요구 여부와 그 일자, 전입신고일자 또는 사업자등록신청일자와 확정일자의 유무와 그 일자

점유자의 성명	점유부분	정보출처 구분	점유의 권원	임대차기간 (점유기간)	보증금	차임	전입신고일자 사업자등록신청일자	확정일자	배당요구여부 (배당요구일자)
미상		현황조사	공장	2012.07.16	미상	미상	2012.07.16	미상	
	803호 전부, 804호 중 일부 (169㎡)	권리신고	임차인	2015.3.20.부터 2016.3.19.까지	40,000,000	6,400,000	2015.3.10.		2015.05.01

비고

■ 최선순위 설정일자보다 대항요건을 먼저 갖춘 주택,상가건물 임차인의 임차보증금은 매수인에게 인수되는 경우가 발생할 수 있고, 대항력과 우선 변제권이 있는 주택,상가건물 임차인이 배당요구를 하였으나 보증금 전액에 관하여 배당을 받지 아니한 경우에는 배당받지 못한 잔액이 매수인에게 인수되게 됨을 주의하시기 바랍니다.

■ 등기된 부동산에 관한 권리 또는 가처분으로 매각허가에 의하여 그 효력이 소멸되지 아니하는 것

대지권의 목적인 토지 갑구 4번 가등기

| 판교 오피스텔 위치 |

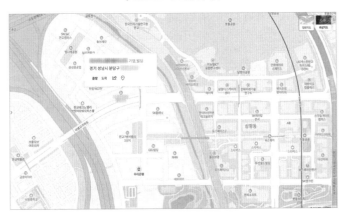

출처: 네이버 지도

 권리 분석 결과 아무런 하자가 보이지 않아서, 바로 인터넷 지도를 열고 위치를 확인해보았다. 두말할 필요 없이 너무나 좋은 입지였다. 또한 현장 조사를 통해 임대 시세를 다시 한번 확인해보긴 해야 하지만, 일단 매각물건명세서상으로는 임대차 조건이 무조건 가능했다. 이 점을 고려하면 상업성은 어느 정도 검증되었다고 판단할 수 있다.

 이 오피스 빌딩 주변에는 우리가 익히 알고 있는 네오위즈, NHN, 엔씨소프트, 안랩 등등 유수의 기업이 모여 있었다. 즉 상권이 갑자기 나빠질 우려가 거의 없었다. 뿐만 아니

| 판교 오피스텔 내부와 외부 전경 |

라 인근에 지하철역은 물론 경부고속도로, 외곽순환도로 등이 있기 때문에 교통 측면에서도 투자 가치가 매우 높은 지역에 위치해 있었다.

투자 의사결정
포인트

•

- **위치:** 경기도 성남시 분당구 삼평동
- **면적:** 전용면적 223평(약 737m²), 전형적인 오피스 빌딩
- **상권 및 입지:** 유동인구가 많음
- **물건 상태:** 건물 컨디션 양호

- **최저 입찰가:** 물건 1) 14억 3,080만 원

  물건 2) 6억 5,807만 원
- **현행 임대차 조건:** 보증금 1억 5,000만 원/월세 1,500만 원
- **기타:** 명도 관련 우려사항 없음
- **특이사항:** 경기도에서 무상으로 땅을 제공한 대신 일정 기간 동안 매매를 할 수 없도록 땅에 가등기를 설정해놓은 상태. 심지어 IT를 비롯한 몇몇 업종이 아니면 매매 자체가 어려움.

A. 과거의 경매 투자 초보 김 대표

- "최저 입찰가가 14억 원이라고? 이걸 어떻게 감당하냐. 포기하자."
- "가등기가 있어서 매매가 쉽지 않은데, 심지어 IT 업종이나 특정 업종이 아니면 매매도 안 되네. 임대도 역시 잘 안된다고 하고."

B. 지금의 김 대표

- "건물 컨디션과 입지만 보면 너무 매력적인데!"
- "일단 금액이 크니까 경쟁자는 많지 않을 것 같고, 적어

도 월세 1,500만 원 이상은 받을 수 있겠어! 이자를 아무

리 많이 내도 수익이 월 700만 원은 나올 것 같네."

- "놓치긴 아까운데. 어떻게 해야 하지?"

- "공동투자를 해보자!"

- "분명 임대나 매매를 할 수 있는 다른 방법이 있을거야!"

투자 결과와
교훈

•

결론부터 말하자면 공동투자를 통해 오피스텔 2건을 총

34억 원에 낙찰 받았다. 투자 내역을 자세히 공개하자면 다

음과 같다.

입찰금 34억 원에 등기비 1억 7,000만 원을 더해서 총

35억 7,000만 원이 필요했다. 이 중 24억 원은 대출로 마련

했고, 낙찰 이후 임대차 계약을 통해 1억 5,000만 원을 확보

했다. 또한 NPL 사후정산 페이백으로 5억 2,000만 원을 받

았다. 즉 '35억 7,000만-24억-1억 5,000만-5억 2,000만=

5억'으로 나의 실투자금은 5억 원이었다. 낙찰 이후 임대차

계약을 통해 매달 월세로 1,500만 원의 수익을 올렸고, 이 중 대출 이자로 월 800만 원을 상환했다. 다시 말해 월 수익은 약 700만 원에 달했다.

얼핏 들어도 매우 성공적인 투자로 보일 것이다. 다만 한 가지 아쉬운 점이 있었는데, 공동투자와 관련한 것이었다. 물건의 시세가 오르면서 해당 물건의 향후 투자 방향성을 놓고 공동투자자와 이견이 생겼다. 결국 공동투자자와 갑론을박을 벌이고 싶지 않아 지분을 넘겨주고 깔끔하게 마무리하는 것으로 이 투자는 마무리했다.

경매 투자를 강의하다 보면 공동투자를 쉽게 생각하는 사람들을 종종 보게 된다. 공동투자의 위험성은 인지하고 있으나, 자신의 파트너는 다를 것이라고 생각하는 것 같다. 그러나 모든 문제는 상황이 잘 풀려갈 때 발생한다. 다시 말해 낙찰 이후 투자 수익이 클 때 공동투자자와 문제가 불거질 수 있다. 따라서 공동투자를 염두에 두고 있다면 신중하게 생각하길 바란다.

1,000만 원으로 건물주 되는 부동산 경매

초판 1쇄 발행 2023년 9월 1일
초판 2쇄 발행 2023년 10월 1일

지은이 김기환
브랜드 경이로움
출판 총괄 안대현
구성 안현진
책임편집 김효주
편집 정은솔, 이제호
마케팅 김윤성

발행인 김의현
발행처 사이다경제
출판등록 제2021-000224호(2021년 7월 8일)
주소 서울특별시 강남구 테헤란로33길 13-3, 2층(역삼동)
홈페이지 cidermics.com
이메일 gyeongiloumbooks@gmail.com (출간 문의)
전화 02-2088-1804 **팩스** 02-2088-5813
종이 다올페이퍼 **인쇄** 재영피앤비
ISBN 979-11-92445-45-8 (03320)